ANTROPOLOGIA
E
FILOSOFIA

BIOBIBLIOGRAFIA

TITO CARDOSO E CUNHA nasceu em Lisboa e viveu em Coimbra, Bruxelas e Lovaina. Hoje é professor na Faculdade de Ciências Sociais e Humanas da Universidade Nova de Lisboa onde ensina no Departamento de Ciências da Comunicação. Publicou, em 1998, o livro *Universal Singular: Filosofia e Biografia em Sartre.*

TITO CARDOSO E CUNHA

ANTROPOLOGIA
E
FILOSOFIA

ENSAIOS EM TORNO DE LÉVI-STRAUSS

ALMEDINA

ANTROPOLOGIA E FILOSOFIA
ENSAIOS EM TORNO DE LÉVI-STRAUSS

AUTOR
TITO CARDOSO E CUNHA

COORDENADOR DE COLECÇÃO
VASCO SANTOS

EDITOR
LIVRARIA ALMEDINA
www.almedina.net
editora@almedina.net

DESENHO GRÁFICO
FBA. FERRAND, BICKER & ASSOCIADOS
info@fba.pt

EXECUÇÃO GRÁFICA
G. C. - GRÁFICA DE COIMBRA, LDA.
producao@graficadecoimbra.pt

ISBN 972-40-1650-1
DEPÓSITO LEGAL: 188432/02
NOVEMBRO, 2002

Toda a reprodução desta obra, por fotocópia ou outro qualquer processo,
sem prévia autorização escrita do Editor, é ilícita e passível
de procedimento judicial contra o infractor.

© ALMEDINA, JOAQUIM MACHADO LDA.

ÍNDICE

PREFÁCIO 9

1. CONTOS POPULARES PORTUGUESES: UMA ANÁLISE ESTRUTURAL – I 13

2. CONTOS POPULARES PORTUGUESES: UMA ANÁLISE ESTRUTURAL – II 39

3. DO MITO COLECTIVO AO MITO INDIVIDUAL 51

4. O MÉTODO ESTRUTURAL 73

5. DO PENSAMENTO SELVAGEM 91

6. A NATUREZA E A HISTÓRIA 113

7. O INCONSCIENTE ESTRUTURAL 127

8. O SILÊNCIO NA COMUNICAÇÃO 143

9. A TÉCNICA E A EXPERIÊNCIA DA DOR 153

10. TEMPO E REPETIÇÃO 159

BIBLIOGRAFIA 165

ORIGEM DOS TEXTOS 169

PREFÁCIO

PUBLICAM-SE AQUI TEXTOS de diversa origem e diversamente datados. Têm de constante, no entanto, o facto de se referirem de uma maneira ou de outra à obra de Claude Lévi-Strauss.

O título "Antropologia e Filosofia" requer algum esclarecimento até porque associar antropologia e filosofia era algo que manifestamente não agradaria ao autor que aqui nos serve de referência. Lévi-Strauss sempre manifestou, porventura com alguma razão, a sua desconfiança pelas extrapolações e generalizações filosóficas feitas a partir do seu trabalho científico em antropologia. Esperamos não ter incorrido nesse erro. A intenção aqui é mais modesta, em todo o caso. Através da conjunção "e", afirmada no título, procura-se pensar à luz da filosofia aquilo que, na prática e na teoria antropológicas, nos interpela ainda hoje, efectuando, simultaneamente, um esforço de compreensão do nosso autor.

Compreensão essa que se quer seja sobretudo um regresso ao autor e ao seu texto procurando superar uma espécie de visão darwinista da evolução do campo teórico em que se assistisse a uma espécie de selecção natural das espécies em que a última e presumivelmente mais apta eliminaria a anterior. Isso pode porventura ser verdade das teorias científicas propriamente ditas mas, sê-lo-á do campo teorico-filosófico? Apesar de tudo ainda hoje se continua a ler Platão e Aristóteles, Espinosa e Kant, Hegel e Nietszche e não se divisa um tempo em que assim deixe de ser. Pelo menos um tempo que não seja o da barbárie.

No caso de Lévi-Strauss há nomeadamente um aspecto em que o seu trabalho, a nosso ver, continua proveitoso e ele é o do método de análise estrutural da narrativa. Não de todas as narrativas mas certamente daquelas que, como os mitos ou os contos populares, funcionavam de maneira bastante diferente daquilo que nós hoje fazemos da narrativa.

Deleuze dizia da tradição filosófica, no início de *La Logique du Sens*, que ela deveria ser entendida como uma espécie de caixa de utensílios onde se iriam buscar os instrumentos apropriados para cada espécie de problemas.

Creio que esta analogia também aqui se aplica. Se o problema fosse, como por exemplo foi para Sartre, o da compreensão biográfica, certamente que a metodologia lévi-straussiana de todo se mostraria inadequada. Mas tratando-se, como será aqui o caso, da narrativa mítica que o conto popular também é, aí não se vê que melhor metodologia poderíamos utilizar.

Antes de um breve capítulo em que brevemente se recordarão os princípios, bem como a origem, dessa metodologia de análise estrutural, ver-se-á já a aplicação dela em duas tentativas de decifração dos sentido em dois ciclos de contos populares, um feminino – Gata Borralheira e Pele de Burro – e outro masculino, as histórias de João Tolo.

A influência da metodologia de análise elaborada por Lévi-Strauss na obra psicanalítica de J. Lacan é alvo de alguma atenção no Capítulo 3 intitulado *Do mito colectivo ao mito individual* e a questão do inconsciente está também no centro do capítulo 7 sobre *O inconsciente estrutural*.

Temas bem caracteristicamente lévi-straussianos são também os que abordam os capítulos sobre a história e sobre o pensamento selvagem.

Não já *sobre* mas antes *a partir de* ou *em torno de* são os capítulos finais onde se procura uma primeira reflexão sobre o silêncio, a dor e a repetição que aqui anunciam e precedem um tratamento futuro mais aprofundado.

1. CONTOS POPULARES PORTUGUESES: UMA ANÁLISE ESTRUTURAL – I

1. GATA BORRALHEIRA

ESTA É UMA TENTATIVA de descodificar alguns contos populares portugueses através da metodologia proposta por Claude Lévi-Strauss, escolheremos para objecto de análise estrutural o ciclo VIIII da colectânea de J. Leite de Vasconcelos intitulado: "A Gata Borralheira"[1]. Trata-se de um dos temas mais largamente conhecidos e ainda hoje utilizados na literatura ou no cinema. É também um dos mais antigos, registando a sua primeira versão na China do século IX A. C.[2] Mas não são nem a sua origem nem a sua antiguidade que nos interessam, mas antes a sua presença numa determinada estrutura cultural atestada pelos contos populares portugueses.

Na colectânea de Leite de Vasconcelos, o ciclo da Gata Borralheira é um dos mais homogéneos, agrupando um conjunto de

---

[1] *Contos Populares e Lendas*. Coligidos por J. Leite de Vasconcelos. Vol. 11. Coimbra, por ordem da Universidade, 1969, pp. 201-298

[2] Bruno Bettelheim, *Psychanalyse des Contes de Fées*. Paris, Robert Laffont, 1976, p. 296 sgs.

28 textos (do Conto 529 ao C. 556). Essa homogeneidade permite-nos, de imediato, encarar a maior parte dos textos como variantes, mais ou menos diferenciadas, de um número restrito de temas.

Foi assim que começámos por agrupar os contos em torno dos temas mais imediatamente aparentes. É assim que é possível delimitar uma primeira série, que designaremos por "Pele de Burro" e que agrupará os contos 529, 531, 536, 552, 554 e ainda o C. 202, retirado do ciclo V: "Entes sobrenaturais" (vol. I, p. 367), mas que apresenta características muito mais próximas desta série, como teremos ocasião de verificar.

Uma segunda série, *A Gata Borralheira*, agrupa os contos 530, 533 (com exclusão da segunda parte, que pertence a outro tema), 534, 535, 537, 538, 540, 541, 542, 543, 544, 545, 546, 550, 551.

Os contos 548, 549 e 553, não incluídos em nenhuma destas séries, terão, no entanto, um papel a desempenhar como se verificará no decorrer da análise.

Outros dois temas estão presentes no ciclo V de Leite de Vasconcelos: são eles o da *Bela Adormecida* contos 532 e 547) e o da *Branca de Neve* (C. 539). Embora relacionados com aqueles que utilizámos, a sua estrutura e problemática afasta-os o suficiente para que os possamos pôr provisoriamente de lado, além de que as variantes recolhidas são escassas e oferecem assim uma restrita base de trabalho.

Finalmente o C. 556 foi excluído por ter sido recolhido em Bissau, no seio de uma outra cultura, se bem que a sua origem possa ser portuguesa.

Embora, como teremos ocasião de demonstrar, a estrutura latente seja a mesma em ambas as séries, uma primeira observação permite detectar dois temas manifestos que as diferenciam. Na primeira série (Pele de Burro) a história parte de uma tentativa de incesto entre Pai e Filha; na segunda série (Gata Borralheira) trata-se da rivalidade entre enteada e madrasta que envia aquela para o monte a guardar animais ou então – é ainda uma outra possibilidade – a mesma oposição entre a madrasta e a enteada conduz esta ao moinho das Fadas ou dos Ladrões.

Em cada um dos casos começaremos por utilizar uma das variantes, que tomaremos por modelo ou conto de referência, tentando, a partir daí, analisar os restantes da série.

C. 529 – PELE DE BURRO

"Um rei, que vivia muito feliz, tinha um burro, cuja cama aparecia pela manhã coberta de moedas de ouro.

O rei enviuvou e quis casar com a filha. Esta recusa, e para vir adiando a resolução do rei, pede-lhe, sucessivamente, por conselho de uma fada, vestidos da cor do tempo, da cor da lua, da cor do sol, e por fim, a pele do burro. Vestida com ela a princesa – foi bater a uma quinta para servir nela; aí guardava carneiros, porcos, toda suja.

Um dia, em que estava muito bem vestida no seu quarto, foi vista pelo príncipe. Este adoeceu e disse que queria que Pele de Burro, a princesa, lhe fizesse um pastel; ela fê-lo e deixou nele um anel pequenino. Depois apregoou-se que o príncipe casaria com a menina a quem servisse o anel. Tendo vindo à prova muitas, veio também Pele de Burro, com quem o príncipe casou."

Como todos os outros contos deste Ciclo [3], no princípio e no fim da história deparamos com o mesmo acontecimento: um *casamento*. No princípio, o casamento dos pais da heroína e no fim o casamento desta com um príncipe ou rei. Ambos são "muito felizes": a conjunção perfeita.

Não tarda porém que a disjunção surja no seio da aliança: normalmente é a mãe que morre e o pai que fica viúvo. Esta quebra da aliança matrimonial significa, para a filha, a disjunção, e

---

[3] Quando isso não acontece, como no C. 544, há pelo menos algo de compensador: a heroína fica mais rica.

a consequente perturbação e desequilíbrio em termos de filiação [4]. Como que para reparar esta perda, o rei decide casar com a filha, mas esta recusa.

O interesse deste conto, que nos serve aqui de ponto de partida, é precisamente o de nos confrontar, logo de início, com o tema do incesto e da sua recusa. O que nos introduz, de imediato, a uma questão fundamental e orientadora de toda a nossa análise. Trata-se, com efeito, de uma regra básica a da proibição do Incesto, sobre a qual se edifica todo e qualquer edifício social [5]. Nem sempre o seu significado profundo foi bem entendido e devemos justamente a Lévi-Strauss uma das mais decisivas contribuições para a solução desse problema tão complexo que é a universalidade da proibição do incesto.

Como a boa compreensão do assunto é importante para o desenvolvimento da análise que aqui pretendemos levar a cabo, faremos uma breve referência às teorias lévi-straussianas do parentesco consignadas na obra de 1949, *Les structures élémentaires de Ia parenté.* [6]

Se perante o problema de definir a diferença entre Natureza e Cultura se propõe como critério que "tout ce qui est universel, chez l'homme, relève de l'ordre de la nature et se caractérise par

---

[4] Todos estes termos – aliança, consanguinidade e filiação – empregamo-los aqui, naturalmente, no sentido preciso em que a etnologia os emprega para estudar o domínio do parentesco, isto é "aliança designando o casamento como relação entre marido e mulher, e consanguinidade as relações de filiação ou de germanidade (entre irmãos) ou ainda, por outras palavras e citando Marc Augé, *Os Domínios do Parentesco.* Lisboa, Ed. 70, 1978, p. 19: "...a filiação é o princípio de constituição e de organização interna de cada grupo de parentesco, enquanto as alianças (o parentesco por alianças matrimoniais) são o princípio da organização das relações externas entre os diferentes grupos".

[5] "... Se a organização social teve um princípio, este só pode ter consistido na proibição do incesto ... "
"É ali, e só ali, que encontramos uma passagem da natureza à cultura, da vida animal à vida humanas" CI. Lévi-Strauss, "A família" in *A Família como Instituição.* Porto, Rés ed., 1977, p. 32.

[6] 2.ª ed. em 1967, Mouton & Co., Paris/La Haye. Existe uma tradução brasileira na Col. Antropologia da Editora Vozes, Petrópolis.

la spontaneité", e que "tout ce qui est astreint a une norme appartient à la culture et présente les atributs du relatif et du particulier", como o faz Lévi-Strauss [7], verifica-se que é precisamente a proibição do incesto que obedece a ambas as condições: por um lado, é uma regra social e por outro é absolutamente universal [8]. A regra da proibição do incesto é pois aquela que se encontra na passagem da natureza à cultura e que mais radicalmente fundamenta a organização social [9]. Como diz o nosso autor "... la prohibition de l'inceste exprime le passage du fait naturel de la consanguinité au fait culturel de l'alliance" [10].

Com efeito a proibição do incesto não é mais do que a face negativa de uma exigência positiva de exogamia. O rei do C. 529 não pode casar com a filha porque a deve a um outro, mesmo se o faz contra-vontade. Ora é precisamente nesses termos de "contra-vontade" que se pode definir o tabu enquanto rito, negativo – tal como o faz A. Van Gennep [11] – como "não-vontade", ordem de "não-agir", enquanto que os ritos positivos (exogamia) exprimem uma "vontade traduzida em acto" Trata-se no fundo, das duas faces de uma mesma moeda e o resultado é precisamente o mesmo: da filiação passa-se ao casamento.

Tudo isto nos faz compreender a radical oposição entre consanguinidade (ou filiação) por um lado e aliança (ou casamento) por outro. E diferem tanto mais quanto do ponto de vista da filiação se trata de dar aquilo que no casamento se recebe: uma mulher (filha primeiro, esposa depois) [12].

---

[7] Id., p. 10.

[8] "La prohibition de l'inceste possède, à la fois, l'universalité des tendances et des instincts, et le caractère coercif des lois et des institutions". Idem p. 29.

[9] "Elle constitue la démarche fondamentale - grâce à laquelle, par laquelle, mais surtout en laquelle, s'accomplit le passage de la nature à la culture". Idem, p. 29.

[10] Id. p. 35.

[11] *Os Ritos de Passagem*, Petrópolis, Vozes, 1978, p. 29.

[12] "La relation globale d'échange qui constitue le mariage ne s'établit pas entre un homme et une femme oú chacun doit, et chacun reçoit quelque chose: elle s'établit entre deux groupes d'hommes, et la femme figure comme un des objets de l'échange et non comme un des partenaires entre lesquels il a lieu. Cela est vrai, même lorsque

Esta oposição vê-la-emos verificada na generalidade dos contos. Com efeito, quase todos eles se iniciam por uma disjunção no interior da família consanguínea normalmente provocada pela morte da mãe. Na série Pele de Burro, essa disjunção inicial dá azo a uma repetida representação mítica do tabu do incesto com diversas variantes: se no C. 529 se diz, simplesmente, que o pai quer casar com a filha, já no C. 202 se acrescenta um pormenor significativo: a mãe, ao morrer, deixa o anel (justamente aquilo a que também se chama aliança) ao marido para este casar com a mulher a quem ele servir e que se verifica ser a filha. Invertendo o desejo paterno de casar com a filha, patente nestes dois contos, é a filha que no C. 554 deseja o pai afirmando: "Meu pai, ando sempre em sonhos, e sonhei que meu pai me há-de beijar a minha mão". O carácter metafórico deste "beijar a mão" é confirmado pelo "desespero" com que o pai reage e que leva a filha a "ocultar--se para se livrar da mão do pai". Será também relevante notar que a troca matrimonial se exprime correntemente pela metáfora de "dar" ou "pedir" a mão. A inversão do desejo entre pai e filha é também confirmado pelo facto de sabermos, desde Freud como o sonho é interpretável precisamente em termos de realização de um desejo.

No C. 536 o tema do incesto não é tão manifesto embora esteja presente, atenuadamente, no desejo que um rei manifesta

---

les sentiments de la jeune fille sont pris en considération, comme c'est d'ailleurs; habituellement le cas. En acquiesçant à l'union proposée, elle précipite ou permet l'opération, l'échange, elle ne peut en modifier la nature. Ce point de vue doit être maintenu dans toute sa rigueur, même en ce qui concerne notre société, où le mariage prend l'apparence d'un contrat entre deux personnes." CI. Lévi-Strauss, *Les Structures Élémentaires de la Parenté,* p. 155.

Estas perspectivas tinham já sido de algum modo antecipadas por Arnold Van Gennep ao escrever em 1908, data do aparecimento da sua obra *Os Ritos de Passagem,* o seguinte: "Além do mais, todo o casamento, justamente porque não são apenas dois indivíduos que se acham em jogo mas realmente vários círculos mais ou menos vastos, é uma perturbação social. Um casamento acarreta o deslocamento de um certo número de elementos um com relação aos outros, e um deslocamento, actuando por continuidade, determina uma ruptura de equilíbrio". *Op. cit.,* p. 120.

de casar com a heroína que já está "comprometida" com o príncipe seu filho [13].

No C. 531 apenas se diz: "Condenada pelo fado que o berço lhe deu a andar vestida de pele de burro ... ". O drama que se esconde por detrás desse fado, cuja origem está no berço isto é na família consanguínea (filiação), podemos nós reconstruir através das outras variantes.

Finalmente apenas o C. 552 não faz qualquer alusão à questão do incesto.

Em todos os casos a disjunção-disfunção familiar provoca o afastamento da filha, isto é a sua desagregação em relação à família consanguínea. Umas vezes diz-se muito simplesmente, como no C. 531, que a filha "sai de casa dos pais", ou se quisermos, por outras palavras, sai do casamento dos pais. Outras vezes (C. 529, C. 202) essa ruptura, consequente à recusa do incesto, faz-se por um progressivo afastamento que vai adiando a data fatídica pela acumulação de obstáculos com a exigência de vestidos com as cores impossíveis do tempo, da lua e do sol, das flores do campo (terra), de estrelas (ar), ou de peixes do mar (água), até que se oculta definitivamente numa pele de burro.

Temos pois que a heroína, des-agregada familiarmente, se torna invisível, ocultando-se numa pele de burro (C. 531, C. 529) ou então num leão de ouro (C. 202), num boi de ouro (C. 552), num poço (C. 536) ou simplesmente em casa de um porqueiro (C. 554) que lhe assegura: "descansa, que só te terei por minha filha e te guardarei sempre até haver um esposo para te desposar". Isto é, cumpre o papel que o pai violou ao querer ficar com a filha para si.

Esta ocultação que torna a filha invisível aos olhares do pai, mas também provisoriamente aos olhos do futuro marido, tem um outro aspecto que vale a pena realçar: é a desqualificação do

---

[13] Cf. Lévi-Strauss, *Les Structures Élémentaires*..., p. 12: "... l'inceste, sous sa forme propre et sous la forme métaphorique de l'abus de mineur ("dont", dit le sentiment populaire, "on pourrait être le père") ... ". Uma outra razão para a recusa do casamento de um viúvo é a ruptura na continuidade da cadeia das alianças

estatuto social ao tornar-se guardadora de porcos (C. 531, C. 529, C. 554). Parece-nos pois que ambos os sinais (a desqualificação social e a invisibilidade) têm a mesma intenção, que é a de significar a desagregação social a que a heroína chegou. Nenhum elemento é visto fora de uma estrutura que o agregue; isolado, não faz sentido. É como se se dissesse que, fora da filiação ou do matrimónio, uma mulher como que não existe, é invisível. Só adquire sentido enquanto agregada a uma estrutura familiar, seja pela filiação, seja pela aliança [14]. A *marginalidade* a que a mulher é votada (enquanto celibatária e órfã) fora da estrutura familiar é pois equivalente à invisibilidade. É o que entenderemos bem se invocarmos a teoria dos *ritos de passagem* elaborada por Arnold Van Gennep. Distingue o autor três momentos nos ritos que marcam a passagem de um estado social a outro: o momento pré--liminar em que se opera a desagregação, neste caso em relação à estrutura familiar consanguínea; o momento liminar de que aqui se trata e, por último, o momento pós-liminar de reagregação numa nova estrutura [15].

Ora precisamente no período de passagem, de liminaridade ou de margem, o sujeito encontra-se numa situação de "ausência estrutural", daí a sua invisibilidade. Como escreve V. W. Turner: "The subject of passage ritual is, in the liminal period, structurally, if not physically, invisible", podendo ser comparado com os neófitos nos ritos de iniciação, os quais "have no status, property, insignia, secular clothing, rank, kinship position, nothing to demarcate them structurally from their fellows" [16].

No nosso caso, como vimos, essa ausência estrutural exprime--se pela invisibilidade liminar da heroína que se oculta, numa

---

[14] Cf. Lévi-Strauss, "A família", op. cit., p. 18: "Solteiros e órfãos podem mesmo chegar a ser incluídos na mesma categoria que engloba estropiados e bruxos". Nas sociedades tradicionais este horror pelo celibato explica-se pela divisão sexual do trabalho que, por sua vez, "não é mais do que um dispositivo para instituir um estado recíproco de dependência entre os sexos". Id., p. 28.

[15] Cf. A. Van Gennep, *Os Ritos de Passagem*, p. 31.

[16] Citado por Sónia Coqueiro, "O espelho mágico" in *Revista da Cultura Vozes* n.º 2 (1973), p, 23.

pele de burro, num boi ou leão de ouro, num poço ou mesmo numa desqualificação social servindo junto de um porqueiro. É aqui que surge um novo personagem e através dele a situação de liminaridade, de marginalidade, se começa a resolver, iniciando--se a fase pós-liminar ou de agregação.

No C. 529, Pele de Burro é vista por um príncipe, dentro do seu quarto, "muito bem vestida". Nos C. 531 e C. 202 é também exibindo os vestidos "cor do tempo, das flores, etc." (os quais antes tinham servido para afastar o pai) que a heroína desperta a paixão do príncipe. Isto é perfeitamente congruente pois é o mesmo vestido que operou a recusa do incesto que permite agora a realização positiva da prescrição exogâmica.

Por outro lado, esses vestidos que a exibem aos olhos do príncipe, não deixam ainda de a ocultar porque este a vê apenas, sem realmente a conhecer. No C. 552 é só "uma ponta do vestido" que fica fora do boi de ouro em que ela se encontra encerrada. Numa curiosa inversão, o C. 536 mostra-nos um príncipe oculto, porque encantado sob a forma de um peixe, no fundo de um poço, vendo a futura esposa aparecer cá fora. A situação é, em termos estruturais, equivalente.

Há ainda um outro aspecto, no C. 202, que valerá a pena notar. É o episódio em que o pai manda "pôr em praça" o leão onde se oculta a filha. "Quem havia de arrematá-lo? Um príncipe que gostou muito do leão. Comprou-o e levou-o para o seu palácio, pondo-o no seu quarto". Bela representação do casamento como troca entre o pai que dá e o marido que recebe! A princesa passa assim do seu quarto, onde se encontrava o leão, para o quarto do futuro esposo sem qualquer intervenção da sua parte. A passagem da residência patrilocal para a residência virilocal é também uma das invariantes de quase todos estes contos.

Ao ver a princesa, ou o seu vestígio, o príncipe adoece de paixão (C. 202, C. 529, C. 531) e exige dela bolos (C. 202), um pastel (C. 529), sopas (C. 531), numa palavra: comida. E será precisamente nessa comida feita para o príncipe que oculta um anel, isto é uma aliança. Ora esta identidade entre a troca marital e a troca de alimentos é certamente significativa uma vez que, como diz Lévi-Strauss, "entre les femmes et la nourriture, il existe tout un système de relations, réelles et symboliques (...) les échanges matrimoniaux et les échanges économiques forment, dans l'esprit indigène, partie intégrante d'un système fondamental de réciprocité" [17]. Isto não deixa de estar ligado também à divisão sexual do trabalho [18] a que já aludimos e que reencontraremos mais adiante, sob uma forma ligeiramente modificada, na valorização liminar da heroína através destas prestações culinárias intimamente ligadas ao ritual de re-agregação pelo casamento que a "aliança" no interior de bolo, do pastel ou das sopas simboliza.

Finalmente, a prova do anel que sai do pastel (C. 529), ou a própria princesa que sai da sua invisibilidade oculta no leão (C. 202), no boi de ouro (C. 552), ou no poço (C. 536 onde também o príncipe se desencanta) marcam o fim do período liminar, de ausência estrutural, e a entrada (dentro, do palácio do príncipe, isto é na residência virilocal) de novo na estrutura familiar, mas desta vez por aliança.

Nesta parte final há ainda alguns aspectos a ter em conta. Durante a cerimónia do casamento nos C. 202 e C. 554 o pai, que está presente sem reconhecer a filha, vê (C. 202) esta beijar-lhe a mão e dizer: "Real Senhor, era impossível eu casar com meu pai"; enquanto que, inversamente, no C. 554 é o pai que "foi beijar a mão da filha", cumprindo assim o fado a que, edipianamente, procura escapar mandando matar a filha que, no entanto, tinha conseguido sobreviver. "Depois deram-lhe conta de todo o sucedido e o rei foi tal o seu espanto que adoeceu e morreu de paixão". Ora, esta morte ocasionada pela confusão metafórica em torno do "beija-mão", demonstra bem a "eficácia simbólica" [19] da proibição do incesto que ela exprimia.

---

[17] *Les Structures Élémentaires...*, p. 38-39.

[18] Cf. de novo Lévi-Strauss, "A família", *op. cit.,* p. 17-18: "Certamente que, numa sociedade em que se reparte sistematicamente o trabalho entre o homem e a mulher, e na qual unicamente o estatuto matrimonial permite ao homem gozar os frutos do trabalho da mulher – um solteiro é, na realidade, apenas meio ser humano".

[19] Cf., sobre esta noção, Lévi-Strauss, *Anthropologie Structurale I.* Paris, Plon, 1958, Cap. IX e X

Por outro lado, durante a mesma cerimónia do casamento, no mesmo conto, o porqueiro – pai adoptivo junto do qual a princesa se refugiara – pede à "filha", numa perfeita inversão do beija-mão, que lhe corte um dedo com uma faca, o que esta faz, conseguindo assim, pela castração, "livrar-se da mão do pai" cujo receio a tinha feito ocultar-se junto do porqueiro.

Podemos agora, ao terminar a análise desta primeira série de contos, reconstruir e esquematizar a estrutura global que viemos analisando:

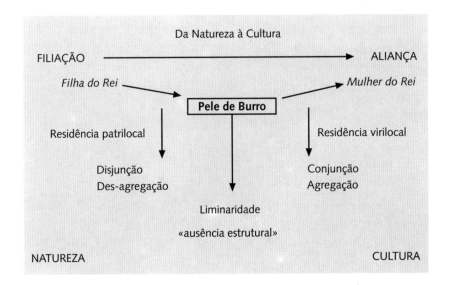

Na passagem da família consanguínea à família por aliança, aquela que é filha de um rei e se tornará mulher de outro rei sofre uma desqualificação social caracterizada por uma ocultação, que a torna invisível porque ausente estruturalmente, depois de uma separação/disjunção em relação à filiação e antes da conjunção//agregação a uma outra família pela aliança.

A passagem de um estado pré-liminar a outro pós-liminar, atravessando o período liminar de margem, é também, de certo modo, uma passagem da Natureza (consanguinidade) à Cultura (aliança).

II. O SAPATEIRO VIÚVO

"Era um sapateiro viúvo, que tinha uma filha e andava na mestra.

Como o pai da pequena lhe agradasse, iludia-a dizendo-lhe assim:

– Menina, dize a teu pai que case comigo, que eu hei-de ser muito tua amiga e hei-de-te dar sopinhas de mel.

Tantas vezes disse isso à pobre criança que ela disse ao pai:

– Case com a mestra, que ela há-de-me dar sopinhas de mel.

Resposta do pai:

– Enganas-te, minha filha, que ela dá-te mas é sopinhas de fel: pois tu não sabes que ela é viúva também e tem uma filha de quem tu vais ser criada?

– Não, meu pai, ela prometeu-me de me dar sopinhas de mel, e eu queria-as.

Assim andou três ou quatro semanas, sem comer e muito triste, pedindo todos os dias ao pai para casar com a mestra.

O pobre pai, como via a tristeza da filha, um dia resolveu-se a fazer-lhe a vontade, dizendo-lhe:

– Pois bem, diz à tua mestra que eu estou resolvido a casar, que trate disso quando quiser.

Foi apequena, dançando de contente, para a mestra a dar-lhe a notícia.

– Meu pai casa com a senhora!

Realizou-se o casamento. Por espaço de três meses o pobre pai viu o mal que lhe tratava a filha e tentou embarcar, pior para ela! Depois, quando a madrasta ficou só com a enteada, tratava-a muito mal, obrigava-a a ir para o monte à lenha e levava uma vaca para guardar: dava-lhe uma broa de pão, que comesse e que a trouxesse inteira, e uma cabaça de vinho, que bebesse e que a trouxesse cheia: visto que ela havia de lá estar todo o dia, era o seu sustento. Ela tinha fome, não podia comer, porque ela tinha de trazer tudo inteiro; andava a apanhar um molho de lenha, que havia de trazer à noite para casa, e chorava e rezava muito a Nossa Senhora, que tinha fome e não podia comer, visto que tinha de trazer o pão e vinho conforme o levava. Assim andou dois dias. Ao terceiro perguntou-lhe a vaquinha no monte:

— Tu que tens, minha menina?

— Tenho fome..

— Vem cá: vai àquele ribeirinho, que lá está um caco dum alguidar e trá-lo.

Ela veio e a vaquinha tirou uma côdea de broa, e com a ponta do seu corno tirou-lhe o miolo todo, botou, no caco do alguidar e faz-lhe as sopas de vinho, mandou-a comer e, enchendo a broa de areia, tornou a tapar e acabou de lhe encher a cabaça de água, e lá foi tudo para casa.

À noite muito bem; no dia seguinte aconteceu-lhe a mesma coisa, e só lhe deu um arrátel de linho para fiar a maior: tudo a vaquinha lhe fez e dobou depois de fiado nos seus cornos e disse--lhe:

— Vai minha menina que não te tomo a fazer mais nada porque já sabia a sorte que a esperava).

Chegou a menina a casa com tudo feito.

Disse-lhe a madrasta:

— Já vens, Gata Borralheita (que era o modo com que a tratava)! Trazes tudo feito. Quem te fez? Foi a vaca? Ora, deixa estar, não se torna a fazer mais nada. Eu hei-de a mandar matar amanhã.

Mas não pôde ser no dia seguinte; ainda foi a menina com a vaca para o monte. Disse-lhe a vaquinha:

— Tu porque choras, menina?

A pequena nada lhe disse, continuava a chorar e a desgraciar–se toda.

Dizia-lhe a vaquinha:

— Não chores; olha, é uma fortuna para ti o mandar-me matar. Pede para ires lavar as tripas; se te fugir alguma, vai atrás dela, pela ribeirinho abaixo: por onde ela entrar, entra também.

Assim foi. Ela pediu à madrasta para ir lavar as tripas e ela respondeu:

— Pois, pudera! Vais tu, vais! Pois, pudera, ir a minha menina, e tu ficares em casa, minha Gata Borralheira!

A tripa entrou por uma casa que estava ao lado, do ribeiro e a menina entrou também. Essa casa estava muito desarranjada: a menina arranjou-a muito arranjadinha, fez as camas, despejou os penicos, fez o jantar e meteu-se atrás da porta até que chegaram três fadas. Diz uma:

– Cãozinho béu-béu, quem bem está atrás da porta?

Diz a primeira:

– És tu, minha menina? Deus permita que, quando te fores pentear, os teus cabelos se tornem em fios do ouro.

Diz a segunda:

– És tu minha menina? Deus permita que, quando tu fores a falar, te saiam queijos de ouro pela boca fora.

Diz a terceira:

– És tu minha menina? Deus queira que, quando tu lavares as tuas mãos, fique a água coalhada de ouro. Olha toma lá esta varinha; tudo que tu precisares, bate três pancadinhas no chão, e pedindo tudo que desejares tudo te aparece.

Bem, foi a menina para casa. Disse a madrasta:

– Demoraste-te tanto tempo, minha Gata Borralheira (sendo ela muito formosa e a filha muito feia).

– Pois fugiu-me uma tripa pela água abaixo, eu tive de a ir buscar.

E ao dizer estas palavras lhe saíam os queijos pela boca fora. A madrasta fez-lhe várias perguntas: como fora aquilo. Ela contou-lhe tudo ao contrário, e ela lá foi, a filha da mestra, lavar as tripas, e deixou ir um de propósito pela água abaixo e foi parar à mesma casa, e ela entrou, desarranjou tudo que a outra tinha arranjado, e meteu-se atrás da porta. E depois chegaram as três fadas e salvaram-na, diz dizendo-lhe a primeira.

– Quem nos fez tão mal?

Disse-llhe o cão:

– Quem fez mal está atrás da porta,

– Ali, és tu! Deus permita que, quando te fores pentear, te saíam bosteiras pelo cabelo fora.

Disse-lhe a segunda:

– Deus queira que, quando ta fores a falar, te saiam cag... pela boca fora.

Disse-lhe a terceira:

– Deus permita, que, quando tu fores a lavar as mãos, te fique a água coalhada de m...

E ela foi para casa, Enquanto a outra deitava ouro, ela deitava bosteiras, e a mãe ficou muito arrenegada.

Logo adiante houve uma função. Foram a mãe e a filha, mas não convidaram a pobre menina. Depois que elas foram, ela serviu--se da sua varinha, pedindo que queria um carro e uma toílette (sic) rica para poder aparecer naquela festa, sem ser conhecida. Foi, passeou muito à sua vontade, e veio antes da madrasta para casa.

Quando ela chegou, foi ao pé dela e disse-lhe:

– Tu cuidas que és muito formosa? Mas vimos lá uma menina, isso é que era!

Mas não se lembrava que era ela.

No domingo seguinte houve outra função, onde foi a madrasta e a filha para ver se lá aparecia a tal menina.

Lá apareceu, ainda mais ricamente vestida. Saiu do carro para ir à missa e ao sair perdeu um sapato. Quem no apanhou foi o criado do marquês.

Quando a madrasta chegou a, casa, disse-lhe:

– Hoje é que ela vinha ricamente vestida!

No dia seguinte foi procurar o marquês a dona do sapato. Depois de ter já corrido a terra toda, foi a casa da mestra e pôde encontrar a dona do sapato; levou-a para casa e casou com ela. Foi então que a madrasta soube quem era a menina formosa e ficou cheia de raiva."

Mais uma vez optámos por transcrever apenas uma das variantes, aquela que, nesta série, nos pareceu mais completa. Trata-se da clássica história da gata borralheira, embora a versão mais comummente conhecida (o baile no palácio, o sapato perdido, etc.) se encontre aqui apenas na parte final do conto.

Tal como em "Pele de Burro", a história tem inicio com uma disjunção na família consanguínea cuja origem é, aliás, a mesma: a morte da mãe. Mas a oposição ou interdito, que separava pai e filha transforma-se aqui numa oposição entre enteada e madrasta. Isto é, se em Pele de Burro se partiu de um parentesco verdadeiro – a filiação – aqui parte-se de um parentesco adoptivo que se funde na aliança. A oposição enteada/madrasta é de base puramente cultural uma vez que não há entre elas qualquer laço de consanguinidade.

Por outro lado, o desejo incestuoso do pai transforma-se aqui no ódio ciumento da madrasta ou, dito de outra maneira, na rivalidade edipiana entre a filha e a mulher do pai. De qualquer modo, a mesma oposição estrutural entre consanguinidade e aliança, entre filiação e casamento, tem um efeito semelhante: a separação do sujeito em relação à estrutura familiar, o seu afastamento para fora (para o monte, guardar vacas), isto é, a desagregação pela marginalidade aqui talvez tomada ainda mais à letra.

Mas antes de prosseguir há ainda um aspecto que vale a pena esclarecer e que diz respeito à identidade da personagem "madrasta". É que, se encararmos a questão de um ponto de vista mais exclusivamente psicológico [20] é possível pensar que ela não é mais do que um desdobramento da própria mãe. É o que nos demonstra, Bruno Bettelheim ao estudar em termos psicanalíticos os contos de fadas [21]. "Tous les jeunes enfants peuvent, un jour ou l'autre, scinder l'image du père ou de la mère, en mettant d'un côté les aspects bienveillants et de l'autre les aspects menaçants, pour se sentir pleinement protégés par les premiers".

Este desdobramento da personalidade permite guardar intacta a imagem e resolver assim algumas contradições afectivas importantes: permite à criança ser agressiva contra a "mãe-madrasta" sem grande culpabilidade, guardando intacta a imagem da mãe

---

[20] Como o próprio Lévi-Strauss o faz, por exemplo no cap. VII (L'illusion archaïque) das *Structures Élémentaires*..., ao utilizar largamente dados da investigação no domínio da psicologia infantil para definir aquilo a que ele chama "certaines structures fondamentales de l'esprit humain" (p. 98).

[21] Bruno Bettelheim, *Psychanalyse des contes de fées,* Paris, Robert Laffont, 1976, p. 92.

boa e protectora [22]. Este desdobramento é atestado em termos perfeitos, por um dos nossos contos, o C. 548 em que, depois da morte da mãe, a heroína se vê partilhada entre duas outras a que chama "mãe de leite", a boa, e "mãe mestra", a má.

Esta oposição entre as duas imagens maternas apresenta-se sempre em termos absolutos e maniqueistas: dum lado o Bem, do outro o Mal [23]. O papel da mãe boa é desempenhado, na generalidade dos contos que aqui estudamos, pelas fadas que sempre surgem em contraponto com a madrasta e protegem a heroína das perseguições da outra. Perseguições que são aliás quase sempre do mesmo tipo, isto é, obrigá-la a realizar tarefas impossíveis, no que as fadas a ajudam directamente ou através de um animal prestável.

Retomando o fio da análise, verificamos, que, nesta série, a disjunção familiar se opera, não já através da relação pai/filha (com toda a ambiguidade que a essa disjunção era dada pelo desejo/ /recusa do incesto), mas antes surge no eixo filha-enteada, mãe- -madrasta com toda a ambiguidade referente à dupla personalidade desta: mesmo a disjunção entre a Gata Borralheira e as irmãs por afinidade, surge como secundária e subordinada à oposição com a madrasta. Por outro lado, no C. 550 (Os órfãos), único caso em que se trata de irmão e irmã, estes permanecem únicos na des-agregação familiar consequente à morte da mãe, embora mais adiante sejam adoptados por uma lavadeira e sua filha, junto das quais o esquema da rivalidade se repete.

A separação da família consanguínea, nesta série muito mais culturalizada pela aliança do pai com a madrasta [24] ou, por outras

---

[22] Também Freud, como refere (Bettelheim, *op. cit.*, p. 95), estudou esta questão num texto intitulado "O romance familiar do neurótico" (Standard Edition, vol. 10), a partir de certos fantasmas segundo os quais os pais do sujeito não são os verdadeiros, mas impostores que tomaram o seu lugar.

[23] Cf. Bettelheim, *op. cit.*, p. 95-6: "Chez la bonne fée, les qualités positives de la mère sont aussi exagérées que le sont les mauvaises, chez la sorcière. Mais c'est ainsi que l'enfant interprète le monde: tout est paradis, ou tout est enfer".

[24] É preciso não esquecer que a consanguinidade se concebe como do domínio da natureza enquanto que a aliança é precisamente a regulamentação cultural daquela.

palavras, pela acentuação da dimensão cultural da família através da substituição da mãe consanguínea por uma madrasta que é mãe apenas por aliança, a separação, dizíamos, traz como consequência, não tanto a ocultação mas a saída para o monte na companhia de animais prestáveis. Assim, invertendo a referida acentuação cultural da família, é para a natureza que a Gata Borralheira é lançada no período de liminaridade. Natureza que, por definição, é a ausência de qualquer ordem cultural e portanto também uma "ausência estrutural" comparável à invisibilidade da ocultação. O que não quer dizer que, reduzida a esse "estado de natureza", a Gata Borralheira não possa ser ajudada pelos animais (vaca, carneiro, cabra) que, pertencendo obviamente à natureza, são, no entanto, "domésticos", isto é, de algum modo já culturalizados, o que os contos atestam, atribuindo-lhes particular habilidade ao nível daquilo a que, precisamente, se chama "cultura material": dobar, fiar, etc. [25]

Como já atrás referimos, o ódio-inveja da madrasta manifesta-se pela imposição de tarefas impossíveis. Trata-se de um processo que se verifica frequentemente na literatura popular quando a inveja leva personagens, frequentemente familiares invejosos, a creditar o herói ou a heroína com capacidades exageradas para lhes impor tarefas desmesuradas de que eles só se desenvencilham com a ajuda de uma intervenção sobrenatural. No nosso caso essa intervenção é obra de animais prestáveis. O que parece contra-

---

[25] "O problema da diferença Natureza/Cultura é muito mais premente numa situação de proximidade com a natureza, proximidade por vezes mesmo totalmente envolvente, quando não esmagadora, tal como acontece com grupos humanos selvagens perdidos na selva amazónica ou mesmo, a um outro nível, com os camponeses (des-)integrados já numa sociedade envolvente altamente desenvolvida do ponto de vista tecnológico, largamente urbanizada, submetida quase exclusivamente ao modo de produção capitalista, mas onde ainda são eles os raros não urbanizados (pois na cidade a natureza, é já toda ela 'culturalizada') que subsistem ou subsistiam numa relação não totalmente mediatizada com a natureza. É portanto para eles que o problema da diferença Natureza-Cultura ainda se põe de forma mais premente e se exprime por exemplo, através da literatura oral. Não é pois de estranhar que nela encontremos disso o traço." *Mythologiques, I: Le Cru et te Cuit*. Paris, Plon, 1964, p. 249. Idem, p. 250.

dizer o que acabamos de afirmar. Há no entanto um elo que liga esses animais às três fadas: as vísceras levadas pela água do ribeiro.

Ora a congruência das vísceras com a água e as plantas aquáticas cujas folhas se estendem à superfície é já assinalada por Lévi--Strauss em povos tão distanciados como os Bororo do Brasil, os Eskimós ou os aborígenes australianos (27): "En code 'aquatique', les viscères sont, congrus aux poissons et aux plantes des marais. En code 'céleste' ils sont congrus aux étoiles et plus spécialement aux Pléiades" [26]. O código aquático já aqui o verificámos com as vísceras lavadas pela água, mas o código celeste? São precisamente as fadas que atestam a sua presença. A confirmá-lo (não só ao código celeste mas também ao código aquático), temos o C. 549 onde uma fada que aparece primeiro no meio dum lago, surge no fim, acompanhada de "um forte trovão", "como que voando", descendo do céu.

O episódio em casa das fadas insere-se no período liminar e preparatório à re-agregação, por aliança, numa estrutura familiar. Se, na primeira série que analisámos, este período se caracterizava nomeadamente, como que numa demonstração da sua habilidade neste domínio da divisão sexual do trabalho, pelas prestações culinárias efectuadas por Pele de Burro que, incluindo aí um anel, manifestava claramente ao príncipe as suas intenções matrimoniais, nesta nova série da Gata Borralheira ela também não deixa de manifestar as suas qualidades de trabalho arrumando e limpando a casa das fadas. A recompensa pelas qualidades de trabalho e arrumação vem sob a forma de ouro que deita pela boca assim como a desarrumação da filha da mestra, manifestando a sua inaptidão para o casamento, é sancionada pela porcaria que deita também pela boca. Isto é: *a arrumação está para o ouro assim como a desarrumação está para os excrementos*.

Notar-se-á, como é sabido, que os excrementos e o ouro são equivalentes em termos psicanalíticos, tendo ambos a ver com o

---

[26] *Idem*, p. 250.

dom cuja retenção leva à avareza [27]. Ora o facto é que a riqueza assim obtida tem muito a ver com o dom que é a aliança matrimonial. Como se diz no final do C. 550: "Real senhor, esta menina vem dar riqueza ao palácio".

Há pois uma congruência do código económico (riqueza, pobreza) com o código material (ouro, excrementos) e destes com as capacidades em termos de divisão sexual do trabalho.

Mas há ainda algumas observações a fazer a propósito de um grupo de variantes da Gata Borralheira (C. 538, C. 541, C. 564), onde podemos observar algumas transformações importantes. Neles a Gata Borralheira é directamente enviada pela madrasta, durante a noite, para o moinho das fadas ou dos ladrões (C. Ml), marcando assim o rito da separação. No moinho das fadas tudo se passa como de costume, enquanto que no moinho dos ladrões a Gata Borralheira consegue pô-los em fuga com a ajuda de um galo e um gato (não sem ficar rica com o ouro dos ladrões). A filha da madrasta que, como de costume, faz tudo ao contrário, acaba por ser posta pelos ladrões, que eram diabos, a cozer num caldeirão. Finalmente a mãe, sem o saber, come a própria filha.

Em primeiro lugar notamos que a casa das fadas, ou mesmo o moinho, como no C.538, se transformou num moinho de ladrões. Mas que terão os ladrões a ver com as fadas? Parece-nos que são a inversão uns dos outros. Se as fadas são congruentes com as vísceras, a água e o céu, para além de serem do sexo feminino; os ladrões, como vamos ver, são congruentes com os ossos, a terra, o fogo e são do sexo masculino [28]. A terra pode, com efeito, dizer-se que é a inversão do céu, assim como o fogo o é da água.

---

[27] É o que atestam por exemplo, C. 566 e 567, em que um "Sapateiro muito rico e muito somítico" retinha o mais que podia os alimentos oferecendo ao amigo um jantar de fome. Este, para se vingar, come tudo às escondidas e o sapateiro quando descobre, tem um ataque apopléctico que o impede de falar e lhe permite apenas balbuciar "pato, cabidela e tudo" o que o amigo, astuto, interpreta como significando que o sapateiro lhe deixa em herança "a prata, o cabedal e tudo".

[28] Embora noutras circunstancias e a propósito de um certo mito em que vísceras e ossos são cozinhados conjuntamente, Lévi-Strauss dá-nos conta de uma situação semelhante: "... ces observations suggèrent l'existence d'une opposition majeure entre les viscères et les os sur le plan anatomique, et une mise en relation de cette paire avec

Que os ladrões estão conotados com a terra atesta-o o facto de, nos contos, frequentemente se esconderem debaixo da terra, normalmente em grutas. Para além disso, no C. 541 eles são explicitamente identificados com o diabo, que habita debaixo da terra e no meio do fogo.

Por outro lado, as vísceras que tinham conduzido a Gata Borralheira às fadas desaparecem deste conto mas, em contrapartida, os ossos são mencionados quando os ladrões, tendo cozido num caldeirão (fogo) a filha da madrasta, dizem à mãe que a come sem o saber: "Rilha, rilha os ossos da tua filha".

Com efeito, as fadas são seres sobre-humanos, os ladrões são seres infra-sociais ou mesmo ínfra-humanos (diabo). De qualquer modo ambos estão fora da Natureza como da Cultura e por isso intervêm na ausência de qualquer normalidade estrutural, precisamente naquele período de liminaridade em que as "coisas invisíveis" têm mais premência e a intervenção do maravilhoso é mais consentânea.

Enfim, podemos esquematizar da seguinte maneira o essencial da análise referente ao tema "Gata Borralheira" elaborada nesta segunda parte do nosso trabalho:

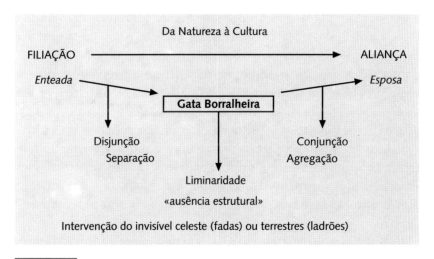

l'opposition (conjonction des viscères et des os), tandis que l'eau l'actualise (disjonction des os au fond et viscères à la surface, sous la forme de plantes aquatiques)". *Le cru et le cuit*, p, 249.

De novo nos encontramos perante a passagem da filiação à aliança que leva do estatuto negativo da enteada (subestimada) ao estatuto positivo da esposa (sobrestimada). O período, de margem que de novo se manifesta pela ausência estrutural é, no entanto, caracterizado aqui, não tanto pela ocultação do sujeito, como em Pele de Burro, mas antes pela intervenção do invisível (sobrenatural) celeste (as fadas) ou subterrâneo (os ladrões-diabos).

CONCLUSÃO

O trabalho que aqui concluímos não pretende, de modo nenhum, encerrar-se ou considerar-se definitivo neste estádio. Trata-se apenas da formulação de hipóteses e da exposição dos primeiros resultados alcançados a partir da aplicação da metodologia estrutural lévi-straussiana a alguns dos temas mais homogéneos que podemos encontrar na literatura popular portuguesa.

É claro que a partir daqui um imenso trabalho nos espera se quisermos ultrapassar uma atitude meramente contemplativa perante a "beleza" ou a "profundidade" dessa literatura. A metodologia estrutural parece-nos que pode dar um passo em frente na descoberta e compreensão daquilo de que a multiplicidade dos contos é a expressão: o simbólico popular no espaço cultural português. Não cremos que a metodologia por nós utilizada venha destruir essa "beleza" ou "profundidade", mas antes fornecer uma alternativa válida para se ultrapassar o prazer solitário do coleccionador ou a contemplação meramente estética. Perante a multiplicidade dos contos e a proliferação dos acontecimentos neles descritos, a única maneira de escapar à confusão é compreender essa multiplicidade, enquadrando-a dentro de um sistema conceptual.

A história das tentativas para introduzir alguma ordem na desordem luxuriante da literatura popular é longa, mesmo entre nós. A própria organização da colectânea de Leite de Vasconcelos é já um exemplo dessa luta contra a desordem, ao classificar os contos por ciclos segundo o tema aparentemente dominante. Trata-se de um trabalho evidentemente imprescindível a qualquer futura utilização do material. Mas há também que tentar, e foi isso que procurámos fazer na esteira de Lévi-Strauss, ir além do imediatamente aparente para o que é essencial tomar como elemento de base: não o conto em si, mas cada um das acontecimentos que ele descreve. Comparar os contos para além das fronteiras de cada um deles e classificá-los segundo as variantes e invariantes desse modo detectáveis. Só assim se pode descobrir a estrutura profunda portadora de sentido.

É claro que não pretendemos ser esta metodologia exaustiva, uma vez que, depois de a aplicar, muito ainda haverá a dizer sobre os contos populares do ponto de vista histórico, sociológico, linguístico, etc. Trata-se aqui apenas de propor uma leitura possível. Não consideramos, também, que se possa dizer tratar-se de uma leitura puramente formalista, uma vez que não consideramos legítima a confusão, frequentemente feita, entre formalismo e estruturalismo, ao menos no caso do trabalho etnológico, realizado por Lévi-Strauss.

A discussão deste assunto levar-nos-ia certamente longe e ultrapassaria o âmbito destas simples notas finais, mas não podemos deixar de remeter o leitor para um texto de Cl. Lévi-Strauss intitulado "A estrutura e a forma" [29] onde o autor discute precisamente, e a propósito da obra de Vladimir Propp, as questões levantadas pela relação entre o estruturalismo antropológico que é o seu e o formalismo de Propp. Aí se diz, logo no primeiro parágrafo: "Os adeptos da análise estrutural em linguística e em antropologia são frequentemente acusados de formalismo. Isto é esquecer que o formalismo existe como uma doutrina independente, da qual, sem negar o que lhe deve, o estruturalismo se separa em virtude das atitudes muito diferentes que as duas escolas adoptam em relação ao concreto. Ao inverso do formalismo, o estruturalismo

---

[29] Cap. VIII de *Anthropologie Structurale Deux*. Paris, Plon, 1973.

recusa opor o concreto ao abstracto, e não reconhece no segundo um valor privilegiado. A forma define-se por oposição a uma matéria que lhe é estranha, mas a estrutura não tem conteúdo distinto: ela é o próprio conteúdo, apreendido numa organização lógica concebida como propriedade do real." Ou ainda, mais adiante: "Para o primeiro (o formalismo), os dois domínios devem ser absolutamente separados, pois somente a forma é inteligível, e o conteúdo não é senão um resíduo desprovido de valor significante. Para o estruturalismo, esta oposição não existe: não há, de um lado, o abstracto e, de outro, o concreto. Forma e conteúdo são da mesma natureza, sujeitos à mesma análise. O conteúdo, tira a sua realidade da estrutura, e o que se chama forma é a "estruturação" das estruturas locais que constituem o conteúdo."

Foi este o caminho que procurámos encetar no domínio dos contos populares portugueses.

APÊNDICE

Existe publicada em português um livro que consagra toda uma secção à análise do ciclo da Gata Borralheira (Cendrillon) no conto popular francês. Trata-se da obra de J. Courtés, *Introdução, à Semiótica Narrativa e Discursiva* [30]. Embora muito brevemente, parece-nos interessante acrescentar aqui algumas notas de confrontação entre o texto por nós produzido e a referida obra, para a qual se chama a atenção do leitor.

Antes do mais há que notar o prefácio, da autoria de A. J. Greimas com quem o autor trabalhou no domínio da literatura popular depois de ter já publicado uma obra sobre Lévi-Strauss e a sua interpretação dos mitos [31].

---

[30] Coimbra, Livraria Almedina, 1979 (col. Novalmedina, 33).
[31] Joseph Courtés, *Lévi-Strauss et les Contraintes de la Pensée Mythique*, Tours, Maison Mame, 1973.

Aliás, o próprio J. Courtés define o seu texto, logo de início (p. 35), nos seguintes termos:

"1. O presente trabalho, que é uma iniciação à linguística discursiva, compreende duas partes:

(1) A primeira secção é uma apresentação, em forma didáctica, da metodologia proposta por A. J. Greimas e seus colaboradores (...).

(2) A segunda parte é um exemplo pedagógico de aplicação, que ilustra concretamente a metodologia apresentada".

É nesta segunda parte que se nos apresenta uma leitura semiótica do conto popular francês "Cendrillon"[32]. Desde logo a diferença de perspectiva em relação à nossa abordagem do mesmo tema se pode formular pela prevalência do "savoir-faire" linguistico na semiótica que tem por objecto a narrativa. A abordagem antropológica que aqui se propôs teria necessariamente de atingir resultados substancialmente diferentes. Embora, obviamente, em nenhuma das perspectivas, por si só, o tema se esgote. Igualmente, a diferença do material em ambos os casos utilizado parece ser considerável.

Mas também se encontram algumas coincidências, como por exemplo a distinção entre duas sequências, uma inicial e outra final, caracterizando-se a primeira por uma disjunção e a última por uma conjunção (casamento). Só que no, nosso caso, a primeira disjunção se opera entre o sujeito e a família consanguínea, enquanto para J. Courtés ela se opera entre Cinderela e o príncipe, uma vez que ambos são celibatários. É, no entanto, inquestionável, ser predominante, nas versões portuguesas da Gata Borralheira, a presença inicial de uma problemática familiar consanguínea organizada em torno da questão do incesto.

Um outro aspecto em que J. Courtés insiste bastante, a ascensão económica e social a que o casamento final conduz, chegando mesmo a afirmar ser essa união "do ponto de vista da heroína,

---

[32] Notar que o francês Cendrillon é composto de cendres (cinzas) mais o diminutivo -illon assim como o português Borralheira também refere as cinzas (borras).

como um estratagema para realizar a ascensão social desejada" [33], não nos parece corresponder, em todos os casos, ao que nas versões portuguesas se pede observar. Aqui, com efeito, a heroína é, ela própria, filha de um rei, portanto de famílias nobres, como o seu futuro marido. É, certo que essa nobreza é ocultada, tornada invisível durante todo o período mediador, mas já vimos qual o sentido sociológico dessa "ausência estrutural".

Num outro aspecto, mais pontual, também as duas leituras divergem. Por exemplo, ao falar da madrasta [34] Courtés interpreta-a como uma personagem autónoma, diferente da "mãe". Não adopta pois a interpretação que, na esteira de B. Bettelheim, propusemos da madrasta como desdobramento da figura materna.

São estas algumas das diferenças que uma breve confrontação dos dois textos nos permite fixar. Ao leitor interessado fica a possibilidade de levar mais longe essa análise.

---

[33] *Op. cit.,* p.177.
[34] P. 146, n. 1.

2. CONTOS POPULARES PORTUGUESES: UMA ANÁLISE ESTRUTURAL – II

1. JOÃO TOLO

PROCURANDO, nos contos populares portugueses, a forma como é tratado o louco – sobretudo no ciclo de contos figurando o personagem "João Tolo" ou "João Pateta" – constatam-se desde logo algumas características desse tratamento popular e tradicional dos distúrbios/anomalias mentais a que chamamos, genericamente, loucura.

Antes de mais, nunca se trata de uma loucura profética ou trágica – como frequentemente sucede na literatura não popular – portadora de um discurso de verdade.

Trata-se antes de um "tolo" como muitas vezes se diz, de um idiota/pateta ou débil mental. E os contos em que ele figura como personagem destinam-se sobretudo a fazer rir. O humor é uma constante.

Isto não quer dizer que o personagem não esteja construído (é o que procuramos demonstrar) de modo a exprimir um certo pensamento inconsciente, por parte da sociedade criadora desses contos, relativamente à essência e às causas dos comportamentos anómalos e mesmo da própria realidade total que, em termos de anormalidade cultural, o "tolo" representa. Poder-se-ia avançar aqui com uma hipótese demasiado ousada por enquanto mas de certo valor heurístico: neste conjunto de contos sobre o "tolo", a figura do "tolo" surge como que numa "inversão completa" (na expressão de Lévi-Strauss), relativamente aos outros contos: se os contos mostram geralmente quais são as modalidades de um funcionamento cultural feliz, o "tolo" inverte completamente as regras entretanto apresentadas.

Por consequência, pondo em evidência aquilo que ao "tolo" falta em termos culturais, podemos desenhar um quadro do modo como essa mesma sociedade pensa o seu próprio funcionamento cultural; como pensa, afinal, a sua própria essência cultural e a coerência das suas regras sociais

2.

Tratando-se aqui apenas de alinhar algumas breves notas sobre uma problemática que mereceria talvez um tratamento bem mais desenvolvido, poremos de parte qualquer preocupação de exaustividade [1] utilizando apenas os contos que integram o ciclo XIII: "O Pedro das Malas Artes" coligido por J. Leite de Vasconcelos [2].

Desde logo é possível distinguir, nesses contos, três grupos que, sendo distintos, têm, naturalmente, profundas relações entre si. Um primeiro grupo (contos 638, 639, 641, 643, 646, 647, 648, 659, 661) põe em cena o tema central, isto é, a troca social. Trata-se de mostrar – através dessa imagem invertida que é a inadequação do "tolo" aos correctos comportamentos sociais – quais são as regras

---

[1] Não se trata pois de uma análise estrutural deste ciclo de contos que pretenda explorar e clarificar toda a problemática nele contida bem como as transformações e eventuais reenvios para outros ciclos, mas apenas proceder a uma primeira avaliação dos grandes temas que, mesmo nessa leitura superficial, ressaltam, digamos assim, à vista desarmada.

[2] *Contos Populares e Lendas*. Vol. 11 Coimbra, por ordem da Universidade, 1969, pp. 408-413.

de um adequado funcionamento social. Funcionamento esse que é entendido em termos de troca e onde haverá que distinguir três formas: a troca económica (por ex. no episódio da ida à feira), a troca linguística (patente nas dificuldades que o "tolo" tem em utilizar adequadamente a linguagem) e finalmente a troca pelo parentesco, isto é, o casamento, estando o parentesco consanguíneo quase sempre presente como o ponto de partida para essa troca social que, no caso do tolo, sai, obviamente, sempre frustrada.

Um segundo grupo (contos 651, 654, 655, 657) fornece, em contraponto ao primeiro, a figura de um Esperto confrontado com uma sociedade de tolos (no conto 655, "O Viajante", surge mesmo uma cidade de tolos, isto é, uma cidade onde as pessoas têm comportamentos característicos do tolo do primeiro grupo).

Finalmente o terceiro grupo (contos 642, 645, 649, 660) fala de um Médico que ou é ele próprio tolo ou trata doentes tolos. O seu interesse é secundário relativamente aos dois outros. Só neste grupo, aliás, não há qualquer alusão ao parentesco.

Em todos os contos dos outros dois grupos (com a única excepção do conto 651 "O Pedro das Malas Artes") surgem questões de parentesco, seja a propósito de casamentos, seja a propósito de parentesco consanguíneo.

Mas, comecemos precisamente por esse parentesco consanguíneo. Ele é, certamente, um elemento determinante, como se verá. Com efeito, aquilo que desde as primeiras linhas caracteriza o personagem "João Tolo", em termos de parentesco, é a ausência do Pai. Em nenhum caso este é mencionado (excepto no conto 661 "O Rapaz que foi à Missa" de que falaremos adiante). Pelo contrário, o Pateta é sempre apresentado em relação com a mãe [3]: "Era uma vez uma mãe, que tinha um filho e ele era pouco esperto" (638).

Esta ausência do Pai é importante porque sendo ele o vector da função simbólica, isto é, aquele que introduz à ordem cultural

---

[3] Num único caso (conto 659: "João Pateta") é a mulher que ocupa o lugar da mãe (era uma vez uma mulher, que casou com um homem, que era muito atolado) Mas também aqui o pai não é mencionado.

e permite o acesso à linguagem, representa também a Lei, numa palavra, a instância do social [4]. Ora é em todos esses domínios que o João Pateta falha, permanecendo na dependência da mãe, o que explica também a sua permanência na filiação, na consaguinidade, incapaz de aceder ao parentesco por aliança, isto é, ao casamento.

É certo que há uma excepção, o citado conto 661. Mas mesmo aí, único caso em que se diz: "Era uma vez um homem que tinha um filho muito tolo" – o que acabamos de dizer se confirma, ao menos parcialmente, na medida em que também é o único caso em que o filho tolo cumpre adequadamente – mesmo se não entende o que faz – a prescrição paterna: "Pois, então vai, e tudo o que vires fazer aos outros, faz tu também".

Em contrapartida, tudo o que a mãe lhe prescreve como comportamento adequado ele não aprende nem realiza, tanto ao nível da ida à feira (troca económica) como na utilização da linguagem em cada situação precisa (casamento, enterro, trabalho, etc.) ou ainda no caso dessa troca social por excelência que é o casamento.

O pateta não se insere no contexto em que circula a linguagem, isto é, o social. Como é incapaz de funcionar correctamente ao nível da troca económica ou do casamento.

A palavra da mãe, na ausência do pai, é totalmente impotente para lhe ensinar os comportamentos sociais adequados. O tolo, permanecendo junto da mãe, nunca chegou a entrar na ordem cultural e essa situação surge sempre como irrecuperável.

Também ao nível do casamento, troca social por excelência, o tolo se mostra totalmente incapaz. O conto 643 "O homem bruto" mostra isso bem através da metáfora da ceia. Aliás nos contos populares, o casamento como troca surge correntemente associado à oferta de jantar ou ceia). A identificação entre a troca matrimonial e a troca de alimentos é aliás notada por Lévi-Strauss nos seguintes termos: "entre as mulheres e a comida, existe todo um

---

[4] Isto na perspectiva lacaniana, claro está.

sistema de relações, reais e simbólicas (...) as trocas matrimoniais e as trocas económicas formam, no espírito indígena, parte integrante de um sistema fundamental de reciprocidade" [5].

Também no conto 643 a "rapariga de quem gostava", "um dia ofereceu-lhe de cear". Só que o tolo perante a ceia na perspectiva do casamento mostra-se incapaz de "comer como qualquer pessoa" e, apesar da prescrição materna de utilizar faca e garfo (instrumentos culturais), acaba por comer com as mãos, isto é de forma não cultural. Também aqui se acentua a incapacidade de o tolo aceder à cultura, permanecendo, junto da mãe, como que em "estado de natureza" [6].

De igual modo a incapacidade de bem utilizar a linguagem, que lhe permanece independente como algo de estranho, mostra essa incapacidade de aceder à cultura e ao social. A dificuldade no acesso à linguagem e a correlativa incompetência ao nível da troca linguística, surge aliás associada aos outros dois tipos de troca social, isto é o casamento e a troca económica presente nos episódios da ida à feira [7]. Por ex., no conto 638 "A venda dos frangos", a mãe recomenda ao tolo, que "os num vendesse a quem falasse muito" precisamente porque, conhecendo a sua incompetência linguística, temia que ele fosse enganado na venda. Aliás neste episódio (como num outro, semelhante, do conto 659 "João Pateta") o tolo acaba por "vender" os frangos, numa igreja, à imagem do Menino Jesus, "um menino que num falava". Também no citado conto 659 o tolo "vende" um pano à imagem de um santo e como este não lhe responde à exigência de pagamento, "deu-lhe uma mocada" fazendo cair o dinheiro das esmolas que ele aceita como pagamento.

---

[5] *Les Structures Élémentaires de la Parenté*, p. 38-39.

[6] De notar que isso mesmo é dito no título de um dos contos que se chama "o homem bruto" uma vez que por "bruto" ou "em bruto" se pode entender algo ainda não modificado pela acção do trabalho, isto é da cultura. "Bruto" tem aqui o sentido de "matéria prima".

[7] No conto 659 "João Pateta" diz-se: "Se ia para a feira não sabia como comprar nem vender".

3.

Finalmente o 2.º grupo de contos põe em cena um personagem esperto e que serve de contraponto ao tolo. Começa assim: "Havia um homem, que era viajante, e já tinha viajado por todas as nações"[8]. Como se vê, de início, não há qualquer referência ao parentesco consanguíneo. E contrariamente ao tolo que permanece em casa, junto da mãe, é um homem viajado, que já correu mundo, e portanto experiente e conhecedor dos comportamentos sociais.

A única referência ao parentesco que surge neste grupo é o casamento. "O viajante gostou duma mulher bonita lá daquela terra e foi pedi-la ao pai em casamento". Mas aqui deve-o ter feito em termos adequados uma vez que o pai acede imediatamente ao pedido oferecendo-lhe, como é de regra, um jantar. É precisamente no meio dessa característica prestação alimentar que se revela o elemento perturbador e impeditivo da troca através do episódio em torno do machado suspenso, qual fantasma obsessivo que faz dizer ao pretendente: "são todos uns malucos e eu com malucos não quero casar". O que até acentua o carácter social da troca matrimonial, uma vez que ele engloba na sua rejeição, não só a noiva, mas também toda a família.

Tudo isso se passava aliás numa cidade de tolos, pondo em cena como que a imagem invertida do 1.º grupo de contos segundo uma simetria perfeita: enquanto o João Pateta revelava a sua loucura perante uma sociedade que lhe não aceitava os comportamentos, neste caso é o esperto que se vê confrontado com uma sociedade de malucos, rejeitada por ele.

Do mesmo modo que no conto 643 o tolo não sabia utilizar correctamente os instrumentos culturais faca e garfo, também aqui nesta cidade/sociedade de tolos "era costume" inverter a utilização desses outros instrumentos cultuais (em ambos os casos, aquilo a que se chama "cultura material") que são os brincos, colares e pulseiras pondo-os nos animais.

---

[8] Cf. p. 48, "O viajante".

Em ambos os casos é a indistinção natureza–cultura [9] ou o não acesso da natureza à cultura que está na base da tolice. E se pensarmos (segundo Lévi-Strauss) que na origem dessa passagem da natureza à cultura está precisamente a interdição do incesto, melhor dizendo a prescrição exogâmica da troca, compreendemos que no contexto da referida indistinção se torna impossível o casamento.

Em suma, nos dois casos, se bem que de forma inversa mas complementar, a sociedade criadora dos contos exprime, através deles, o seu pensamento, mais ou menos inconsciente, acerca – como dizíamos no início – da sua própria essência cultural e da coerência das suas regras sociais.

APÊNDICE

João Tolo

Havia uma mãe que tinha um filho, que era muito tolo.

Um dia a mãe mandou o filho lavar umas tripas no mar. As tripas eram muitas, e viu um navio ao longe, que ia fazer uma viagem. Começou a chamar com um pano branco na mão.

O navio aproximou-se, e os homens que vinham dentro perguntaram-lhe para que era que ele tinha chamado. Ele disse-lhes que era para lhe ajudarem a lavar as tripas. Eles deram-lhe uma grande sova e disseram-lhe que ele havia de dizer "Boa viagem! Boa viagem!".

Ele foi para casa, disse à mãe o que lhe tinha sucedido. A mãe disse-lhe que ele devia dizer "Haja sangue! Haja sangue!"

O tolo foi uma vez pela estrada adiante, e entrou numa igreja, onde se estava a celebrar um casamento.

---

[9] Há um outro episódio, no conto 639, em que o João Tolo também não sabe distinguir entre o humano e o animal aplicando a um homem a dormir o comportamento que devia ter com um burro a dormir.

Ele pôs-se à porta e disse:

– Haja sangue! Haja sangue!

E o noivo, ouvindo dizer isto, pegou num cacete para lhe dar uma coça, e o tolo fugiu, e o noivo disse-lhe que devia dizer "Sejam felizes! Sejam felizes!".

Ele foi para casa e contou à mãe o que lhe tinha sucedido.

A mãe disse-lhe que dissesse "Sejam felizes! Sejam felizes!".

Foi outra vez por uma estrada adiante e viu um enterro numa igreja. Pôs-se a dançar, a cantar e a dizer:

– Sejam felizes! Sejam felizes!

Um convidado aborreceu-se daquele barulho, veio cá fora com um pau, deu-lhe uma cacetada e disse-lhe que ele devia ajoelhar-se e rezar.

Ele foi para casa e disse à mãe tudo. A mãe disse-lhe que ele devia rezar.

No dia seguinte viu um burro a dormir ajoelhou-se ao pé dele e rezou por muito tempo.

Veio para casa e disse à mãe o que tinha feito. A mãe disse-lhe que, quando visse algum burro a dormir, que lhe espetasse uma faca.

No dia seguinte viu um homem a dormir e disse:

– Deixa, que vou fazer o que a minha mãe me disse

Puxou de uma navalha e enterrou-lha no peito. Dizendo à mãe o que tinha feito, a mãe, para não ter mais desgostos, meteu-o num hospital de doidos, onde morreu.

O homem bruto

Havia uma vez uma mãe de família, mas tinha um filho que era muito bruto, e queria casar-se. Achou uma rapariga de quem gostava e queria ser-lhe agradável, do modo por que ele entendia. A rapariga troçava dele, e a mãe e o pai também. Um dia ofereceu-lhe de cear, mas ele, como não sabia comer como qualquer pessoa, perguntou à mãe de que maneira poderia comer. A mãe disse-lhe que comesse com garfo ou com colher, ou então com a mão, mas ele preferiu comer com a mão, porque não sabia de outra forma, e entendeu que juntando um dos dedos com o da outra mão poderia fazê-lo melhor.

Tinham grãos, e com os dedos pegava nos grãos um por um. Caíam-lhe ao chegarem à boca, de maneira que nunca mais quis comer lá em casa.

Entrou um dia e viu o dono da casa no quintal a chamuscar um porco, e disse-lhe:

– Senhor, meu ante-sogro, sinto o seu desgosto, mas é o fim que havemos de levar. Deus lhe dê bom lugar.

Foi dizer à mãe o que tinha dito ao sogro, como ele lhe chamava. A mãe, repreendendo-o da sua brutalidade, disse-lhe:

– Não devias dizer isso, mas sim: "Ao pé desse um cento".

Entrou em casa do sogro. Estava o sogro com uma grande chaga numa perna. Ele, vendo, disse-lhe:

– Senhor, meu sogro, ao pé dessa um cento.

O homem ficou muito descontente com semelhante expressão.

Veio para casa e disse à mãe o que tinha dito. Ralhou-lhe e disse-lhe:

– Não devias dizer assim, mas sim: "Deus lha seque e nunca mais lhe produza nenhuma".

Em outro dia entrou e viu que o chamado sogro estava num quintal, pondo uma cepa. Ele disse-lhe:

– Essa se lhe seque e nenhuma lhe produza,

O homem mais desesperado ficou, dizendo:

– Minha filha para este bruto, nunca eu lha daria.

E mostrou-lhe um modo muito estranho. Veio para casa e disse à mãe:

– Estou bem desconsolado, porque o homem pareceu-me que não quer que eu case com a filha. E eu disse-lhe o que a mãe me disse.

– Estás um bruto, sem te entenderem pois tudo trocas. Se não apanhares a rapariga pelos olhos, nada fazes. O rabo do olho é que pode vencer o amor da rapariga, mas, como nadas fazes com jeito, o melhor é deixares de lá ir.

Ele calou-se e considerou:

Pois, pelos olhos e rabos é que pode ser? Pois, então, desta vez é que eu apanho a rapariga.

Tinham cabras e ele foi ter com elas e tirou os olhos e rabos, e encheu um alforje. Num lado tinha os olhos, no outro os rabos. Entrou em casa e começou a deitar os olhos e os rabos por cima da rapariga, de maneira que enxovalhava tudo.

Pai e filha correm-no depois pela porta fora. Chegou a casa e deu os alforjes à mãe para lhos lavar. A mãe viu e perguntou, e ele contou-lhe o sucedido e teve de ir às cabras, e de as mandar acabar de matar para vender a carne, por dez réis de mel coado.

O viajante

Havia um homem, que era viajante, e já tinha viajado por quase todas as nações. Um dia foi a uma cidade que ainda não tinha visto.

Quando chegou àquela cidade, a primeira coisa que viu foi os porcos com brincos, com colares e pulseiras. Ele ficou muito admirado e perguntou por que era que os porcos andavam com aquilo; disseram-lhe que ali era costume. Então o viajante disse que na terra dele eram as mulheres que andavam com aquilo e não os porcos. Depois tiraram logo aos porcos tudo o que eles traziam e puseram nas mulheres.

O viajante chegou mais adiante e viu urna porção de mulheres a gritar. Chegou ao pé delas e perguntou o que elas tinham. Elas disseram que não sabiam quais eram as suas pernas. Ele viu aquela gente tão bruta e pegou numa bengala que trazia e bateu nas pernas das mulheres; elas, como lhes doeu, saiu uma para cada lado e agradeceram-lhe muito.

Chegou ainda mais adiante e viu uma hospedaria. Entrou a hospedeira e disse-lhe que fizesse o favor de não fazer barulho. Ele perguntou-lhe por que era. Ela disse-lhe que estava ali num quarto perto uma mulher, que tinha tido uma criancinha há trinta anos e que estava ainda na cama. O viajante disse que na terra dele só estavam oito dias, porque não era preciso estar mais tempo. A hospedeira foi logo ao quarto da doente e fê-la levantar-se da cama e a criancinha dos trinta anos.

Chegou mais adiante e viu defronte duma igreja muita gente aflita. Perguntou o que era; ninguém lhe disse e só ouvia dizer: "Ai, que desgraça...!" Então o viajante tornou a perguntar e disseram-lhe que era um casamento e que a noiva, ia a cavalo num jumento e não podia entrar; só se cortassem as pernas ao jumento ou a cabeça à noiva. Ele disse que dissessem à noiva que abaixasse um bocadinho a cabeça; foram dizer à noiva; a noiva baixou a cabeça e entrou. Depois agradeceram-lhe muito por ele ter ensinado e ficaram todos muito contentes.

O viajante gostou duma mulher bonita lá daquela terra e foi pedi-Ia ao pai em casamento. O pai da tal mulher bonita disse-lhe que lhe dava a sua filha em casamento e ofereceu-lhe de jantar, mas no meio do jantar foi a criada buscar vinho à adega e viu dependurada no tecto uma machada e disse:

– Ai, que desgraça! A nossa menina vai casar e daqui a nove meses tem um menino e logo que ele tenha um ano vem para aqui brincar e a machada cai e mata o menino.

A mãe da noiva vê que a criada se demora e vai ver por que é que a criada não traz o vinho; ela chega lá e a criada disse-lhe:

Oh! Minha senhora, que grande desgraça vai acontecer. A menina vai casar e daqui a nove meses tem um filho e logo que ele tenha um ano vem brincar para aqui e a machada cai e mata-o.

Depois, vendo-se que a mãe da noiva se demorava também, foi a noiva; a criada e a mãe contaram-lhe a mesma coisa e ela também ficou. O pai da noiva, vendo que se demoravam tanto, foi também e ficou. O noivo, esperando muito tempo à mesa, foi à adega e viu-os todos a olhar, pasmados, para a machada e perguntou-lhes por que não vinham. Eles contaram-lhe tudo e o noivo foi então tirar a machada e disse:

– Já não quero a sua filha e vejo que são todos uns malucos e eu com malucos não quero casar.

E foi-se embora.

3. DO MITO COLECTIVO
AO MITO INDIVIDUAL

> "Na civilização mecânica, não há mais lugar
> para o tempo mítico, a não ser no próprio
> homem" [1]

AO PUBLICAR, em 1966, os seus *Écrits* Lacan fazia, a determinada altura, a seguinte alusão: "Aí produzimos (no Collège philoso-phique de Jean Whal) entre outros um mito individual do neuró-tico, "Initium" de uma referência estruturalista em forma (o pri-meiro texto de Claude Lévi-Strauss sobre o mito).

O texto policopiado, que veio a público não corrigido por nós, fará fé para ser ulteriormente retomado" [2].

A importância do *Mito individual do neurótico* na obra de Lacan e no aparecimento do estruturalismo psicanalítico está desde já patente na nota dos *Écrits* que acabamos de citar e onde o autor se lhe refere, precisamente como "o initium" de uma referên-

---

[1] Lévi-Strauss, *Anthropologie Structurale*. Paris, Plon, 1958, p. 255.
[2] J. Lacan, *Écrits*. Paris, Seuil, 1966, p. 72, nota 1.

cia estruturalista em forma" referência que, muito explicitamente, reenvia para o primeiro texto de Lévi-Strauss sobre o mito.

Ora, o primeiro texto de Lévi-Strauss sobre o mito data de 1949 e intitula-se *A eficácia simbólica* [3] (Não se trata ainda da análise estrutural dos mitos, como será o caso em 1955 com *A estrutura dos mitos*[4], mas é precisamente aí que Lévi-Strauss forja a expressão "mito individual" ao fazer uma comparação entre a função terapêutica do mito e a psicanálise.

A relação com Lévi-Strauss é pois essencial para se situar e compreender a obra de Lacan e o referido texto em particular. Nesta relação, o problema do mito e da sua interpretação desempenha um papel primordial.

No artigo atrás referido, Lévi-Strauss conta-nos um caso de cura xamanística entre os índios Cuna do Panamá. Para ajudar a um parto difícil o xaman socorre-se de um longo canto de encantamento que é fundamentalmente uma narração mítica onde se explica e resolve o sofrimento da paciente: esta "sofre porque perdeu o seu duplo espiritual, ou mais exactamente um dos duplos particulares cujo conjunto constitui a sua força vital..., o xaman, assistido pelos seus espíritos protectores (nuchu), empreende uma viagem no mundo sobrenatural para arrancar o duplo ao génio mau (Muu) que o capturou, e, restituindo-o à sua proprietária, assegura a sua cura" [5]. Durante a viagem, o xaman e os "nuchu" percorrem o "caminho de Muu" que representa, literalmente, a vagina e o útero da mulher grávida, enfrentando, nas suas profundezas, o combate libertador. Para além do mito nada mais intervém na cura. Como diz Lévi-Strauss, "o canto constitui uma

---

[3] Forma actualmente o capítulo X da *Anthropologie structurale*, pp. 205-226. Um outro texto do mesmo ano, "O feiticeiro e a sua magia", aborda também a mesma problemática. Cf. idem. pp. 183-203, capítulo IX.

[4] *Op. cit.,* capítulo XI, pp. 227-255.

[5] Id. p. 207.

manipulação psicológica do órgão doente, e é dessa manipulação que a cura é esperada"[6].

As *representações* míticas evocadas pelo canto provocam uma modificação nas funções orgânicas que vai no sentido daquilo mesmo que o mito descreve: o levantamento dos obstáculos e o desenrolar normal do parto[7]. Como diz Lévi-Strauss, "é a eficácia simbólica que garante a harmonia do paralelismo entre mito e operação"[8]. Eficácia simbólica que reside fundamentalmente na verbalização, operada pelo mito, de afectos anteriormente incompreensíveis porque desintegrados de um sistema e agora englobados num conjunto cultural estruturante de toda uma sociedade a que a paciente pertence.

É claro que, observa Lévi-Strauss, a eficácia simbólica funciona porque o paciente acredita no seu mito social. Nas nossas sociedades, o discurso científico, só por si, não nos curaria, mas é porque ele funciona numa relação exterior de causa a efeito, enquanto que no discurso mítico o que se passa é uma relação, interior ao espírito, "do símbolo (entes míticos) à coisa simbolizada (a doença), ou, para empregar o vocabulário dos linguistas, de significante a significado"[9]. Ora, precisamente, este tipo de passagem à expressão verbal, resolutivo de um conflito de outro modo incontrolável, foi descrito por Freud com o nome de *ab-reacção*. Escrevia ele, já em 1895: "é na linguagem que o homem encontra um substituto para o acto, substituto graças

---

[6] Id. p. 211. E acrescenta ainda, na pág. 213: "Tudo se passa como se o oficiante tentasse levar um 'paciente, cuja atenção do real está sem dúvida diminuída – e a sensibilidade exacerbada – pelo sofrimento, a reviver de maneira muito precisa e intensa uma situação inicial, e aperceber-lhe mentalmente os mais ínfimos detalhes. Com efeito, esta situação introduz uma série de acontecimentos de que o corpo, e os órgãos internos da paciente constituirão o teatro suposto. Vai-se pois passar da realidade mais banal ao mito, do universo físico ao universo fisiológico, do mundo exterior ao mundo interior".

[7] Cf. *op. cit.,* pp. 219 e sg.

[8] Id., p. 222.

[9] Id., p. 218.

ao qual o afecto pode ser ab-reagido quase da mesma maneira" [10].

É assim que Lévi-Strauss aproxima a figura do xaman da do psicanalista forjando a expressão "mito individual" que Lacan depois utilizou. Diz ele: "O paciente atingido de neurose liquida um mito individual opondo-se a um psicanalista real; a parturiente indígena supera uma desordem orgânica verdadeira identificando--se a um xaman miticamente transposto" [11]. E leva mais longe ainda a comparação entre os dois personagens e o respectivo processo de cura, mostrando como, em ambos os casos, se trata de constituir um mito que o paciente deve viver, ou reviver. Num caso (psicanálise) trata-se de um mito que o indivíduo deve construir a partir de elementos fornecidos pela sua história pessoal, enquanto que no outro é um mito social que o paciente aceita do exterior. Para além de que, num caso o paciente fala e o psicanalista escuta (uma vez que é o paciente que constrói o seu próprio mito), enquanto no outro o xaman fala (narrando o mito social) enquanto o paciente escuta [12].

Em ambos os casos o mito tem um papel central na cura, em ambos os casos se trata – na expressão de Lévi-Strauss [13] – de um " mito fundador da cura". Apenas difere a origem do mito: individual ou colectiva [14].

---

[10] Citado in Laplanche et Pontalis, *Vocabulaire de Psychanalyse*. Paris, PUF, 1971, p. 1. No texto "O feiticeiro e a sua magia", o próprio Lévi-Strauss se refere ao conceito freudiano de "ab-reacção" nos seguintes termos: "é sabido que a psicanálise chama ab-reacção a esse momento decisivo da cura em que o doente revive intensamente a situação inicial que está na origem da sua perturbação, antes de a superar definitivamente. Neste sentido o xaman é um ab-reactor profissional". *Anthropologie Structurale*, p. 199.

[11] Id., p. 219.

[12] Num outro texto, atrás referido, do mesmo ano (1949) "O feiticeiro e a sua magia", esse paralelismo é constatado também nos seguintes termos: "...na cura xamanística, o feiticeiro fala, e faz ab-reacção pelo doente que se cala, enquanto que em psicanálise, é o doente que fala e faz ab-reacção contra o médico que o escuta". *Anthropologie Structurale*, p. 201.

[13] Id., p. 202.

[14] Id. 293: "...a única diferença entre os dois métodos (...) diria respeito à origem do mito, reencontrado, num caso, como um tesouro individual, e recebido, no outro, da tradição colectiva."

Este carácter mítico das "constelações psíquicas" [15] próprias do pensamento patológico (do neurótico por exemplo, como o demonstrará também Lacan), não foi uma evidência desde sempre. Para impor essa concepção, Lévi-Strauss deverá argumentar contra os que pretendem ser os acontecimentos traumáticos originais realmente existentes e situáveis na história individual do sujeito, afirmando não estar aí a questão mas antes no facto de a sua rememoração ab-reactiva só ter uma virtude terapêutica, precisamente por os reviver sob a forma mítica. Por outras palavras, o acontecimento individual e histórico induz "uma cristalização afectiva que se faz no molde de uma estrutura pré-existente " [16].

Do acontecimento individual e histórico distingue-se assim a estrutura intemporal do inconsciente que se reduz a uma função, a função simbólica [17]. A estrutura permanece e é através dela que a função simbólica se cumpre.

É assim que, no psicopata, "toda a vida psíquica e todas as experiências ulteriores se organizam em função de uma estrutura exclusiva ou predominante, sob a acção catalisante do mito inicial" [18].

Lévi-Strauss utiliza também, para esclarecer a distinção entre acontecimento individual e estrutura mítica, a diferença saussuriana entre "langue" e "parole" afirmando que "o léxico individual em cada um de nós acumula o vocabulário da sua história pessoal, (...) só adquire significação, para nós mesmos e para os outros, na medida em que o inconsciente o organiza segundo as suas leis, e dele faz assim um discurso (...) "le vocabulaire importe moins que la structure" [19].

Tínhamos dito há pouco que a única diferença entre a eficácia simbólica do mito nas curas psicanalíticas ou xamanísticas residia na origem, social ou individual, do "mito fundador" da cura.

---

[15] Id., p. 223.
[16] Id., p. 224.
[17] Cf. *op. cit.,* p. 224. . 1
[18] Id., p. 224.
[19] Id., p. 224-5

Depois do que acabamos de dizer, é óbvio que mesmo essa diferença se esbate. E uma das regiões onde mais se acentua esse esbatimento é a do que a psicanálise chamou *complexos* e onde o Édipo [20] desempenha um papel de relevo. É precisamente a propósito dos complexos que Lévi-Strauss emprega a expressão "mito individual" –. Diz ele "…e os complexos, esses **mitos individuais,** reduzem-se também a alguns tipos simples, moldes onde se vem prender a fluída multiplicidade dos casos" [21].

O complexo de Édipo, aliás, é particularmente significativo deste ponto de vista. Ponto de encontro onde se entrecruzam três dimensões: um mito social, mas também um mito "familiar", digamos assim, e um mito individual; e deste ponto de vista, fundamental na constituição humana do sujeito. Nele encontramos, a estrutura formal vazia, isto é, um conjunto de elementos que mantêm entre si um certo tipo de relações, independentemente da natureza desses elementos; muitos indivíduos diferentes podem preencher qualquer dos elementos (pai, mãe, filho), assim como o elemento pai pode ser, numa cultura, ocupado pelo progenitor biológico mas noutra pelo irmão da mãe, por exemplo.

Com tudo isto não se pretende afirmar que o mito social e o mito individual são uma e a mesma coisa. Eles distinguem-se obviamente, mas veremos adiante como.

O mito de Édipo trata-o Freud nos termos daquilo a que ele chama "complexo". Ora, os complexos são, como já atrás referimos, na expressão de Lévi-Strauss, "mitos individuais".

Como se passa, então, do funcionamento colectivo do mito de Édipo entre os gregos, ao funcionamento individual do complexo de Édipo no homem moderno?

A questão é certamente complexa e tem a ver com a distância que vai de uma sociedade "fria" [22], produtora de mitos, animada

---

[20] É precisamente o mito de Édipo que Lévi-Strauss irá utilizar, a título de exemplo, no seu primeiro texto sobre a análise estrutural dos mitos.

[21] Id., p. 225.

[22] Sociedades "frias" são, para Lévi-Strauss, as sociedades selvagens cujo esforço fundamental de sobrevivência insiste na imutabilidade da sua estrutura assim como na prevalência do colectivo sobre o individual.

56 : ANTROPOLOGIA E FILOSOFIA

ainda de uma eficácia simbólica assente em crenças comuns e estruturantes da totalidade cultural que cada uma é, e por outro lado, as nossas sociedades "quentes", históricas [23] de mutação acelerada, civilização mecânica onde "não há mais lugar para o tempo mítico, a não ser no próprio homem" [24].

Qual é, então, a natureza desse "tempo mítico" que hoje perdura apenas no homem e não mais nas sociedades? A estrutura do tempo mítico é, com efeito, complexa, porque dupla. Isto é, se o mito existe essencialmente na linguagem, há que distinguir nele, tal como nesta, dois níveis: enquanto a "língua" se situa num tempo reversível, a "fala" situa-se num tempo irreversível [25]. Ora, precisamente, o mito define-se por um sistema temporal que combina as propriedades do tempo reversível e do tempo irreversível. Isto é, no dizer de Lévi-Strauss: "Um mito, refere-se sempre a acontecimentos passados... Mas o valor intrínseco atribuído ao mito provém de que esses acontecimentos, supostos realizarem-se num momento do tempo, formam também uma estrutura permanente" [26].

O tempo do mito é reversível porque está sempre presente, mas cada vivência mítica particular é irreversível no tempo porque individual. E isto é válido tanto para o mito colectivo como para o mito individual. A psicanálise, cujo processo de cura se pode dizer que assenta na "procura do tempo perdido",mostra como o mito (complexo) de Édipo é a-temporal na sua estrutura formal, mas irreversível no seu conteúdo pessoal histórico.

O que é que vai diferenciar, então, o mito individual do mito colectivo (já vimos o que lhes é comum e que permite falar, em

---

[23] A história é, segundo Lévi-Strauss, algo que só em certas sociedades se encontra: "a história era uma categoria interior a certas sociedades, um modo segundo o qual as sociedades hierarquizadas se apreendem a si próprias, e não um meio no seio do qual todos os grupos humanos se situariam da mesma maneira." Cf. J. Carbonnier. *Entretiens avec Lévi-Strauss*. Paris, UGE, p. 71.

[24] É daí, acrescenta Lévi-Strauss, que "essa forma moderna da técnica xamanistica, que é a psicanálise, tira os seus caracteres particulares...", In *Anthropologie Structurale*, p. 255.

[25] Cf. *op. cit.,* p. 230.

[26] Id., p. 231.

ambos os casos, do mito)? São sobretudo razões de ordem histórica que explicam a individualização da narrativa mítica pelo desaparecimento da crença colectiva no material mítico. [27]

É sobretudo no domínio da história da arte que Lévi-Strauss aborda a questão referindo-se à transformação do estatuto social do artista. É, com efeito, no Renascimento [28] que se assiste, no domínio da arte, a uma ruptura fundamental de algum modo recobrindo a diferença entre arte "primitiva" e arte "não-primitiva". Essa diferença assenta em dois acontecimentos que então se podem observar [29]: uma "individualização da produção artística" e o consequente enfraquecimento da função semântica da obra. Isto é, quanto mais a produção artística se individualiza, exprimindo cada vez mais e apenas uma "mito-poética individual" [30], tanto mais se esbate a "função significativa da obra", tornando-se esta cada vez mais figurativa ou representativa. Com efeito, nas sociedades ditas "primitivas" onde uma "mitopoética social" está ainda actuante, e até pelas dificuldade técnicas de execução perante a resistência dos materiais e as carências tecnológicas para a vencer, o artista "não pode ou não quer reproduzir integralmente o seu modelo, e encontra-se assim constrangido a significá-lo. Em vez de ser representativa a arte aparece assim como um sistema de signos". [31]

No entanto esta "individualização da produção artística" tem mais a ver com o espectador/consumidor do que com o artista.

---

[27] Cf. J. G. Merquior. *A Estética de Lévi-Strauss*, Rio de Janeiro, Tempo Brasileiro, 1975, p. 45.

[28] Não será certamente por acaso que o próprio Freud privilegiará este período nos seus estudos de Psicanálise aplicada: Miguel Ângelo, Leonardo da Vinci. Sobre Lévi-Strauss, cf. Charbonnier, *Entretiens...*, pp. 70 e segs.

[29] E não só. Lévi-Strauss aponta também, como semelhante, a arte grega do século v.

[30] A expressão é de J. G. Merquior, *op. cit.,* p. 45.

[31] Lévi-Strauss in Charbonnier, *op. cit.,* p. 72. Cf. ainda p. 73: "É na medida em que o elemento de individualização se introduz na produção artística que, necessariamente e automaticamente, a função semântica da obra tende a desaparecer em favor de uma aproximação cada vez maior do modelo que se procura imitar e não já somente significar".

58 : ANTROPOLOGIA E FILOSOFIA

Com efeito, a individualização do artista/produtor podemos encontrá-la em sociedades "primitivas", agora o desfrute dessa obra é que deixou de ser social/colectivo para passar a ser individual. Isto acontece em sociedades (como é o caso do Renascimento europeu) onde a arte "se torna em parte reservada a uma minoria que nela procura um instrumento ou um meio de gozo íntimo, muito mais do que aquilo que foi nas sociedades a que chamamos "primitivas" e que o é ainda em algumas delas, quer dizer, um sistema de comunicação funcionando à escala do grupo" [32].

Temos pois que esta "individualização da produção artística" é sobretudo encarada por Lévi-Strauss, do ponto de vista da sua finalidade, como "gozo íntimo" do "cliente". É a integração da arte e da sua produção numa relação mercantil própria do modo de produção capitalista.

A obra de arte, com efeito, passa a ser produzida como mercadoria e esse fenómeno, na Renascença italiana, pressagia ou significa já o advento do modo de produção capitallista, base daquilo a que Lévi-Strauss chama a "civilização mecânica". É disso também expressão a concomitante acentuação da representatividade da arte, do seu carácter mimético e figurativo a que o antropólogo francês se refere como "possessividade em relação ao objecto" [33], acrescentando: "É nessa exigência ávida, nessa ambição de capturar o objecto em benefício do proprietário ou mesmo do espectador que me parece residir uma das grandes originalidades da arte da nossa civilização" [34].

E esta "possessividade" do objecto na arte figurativa é o próprio Lévi-Strauss que a aproxima de um outro fenómeno a que sempre deu uma certa atenção: a escrita. É que também ela tem uma função possessiva e se a Renascença italiana não inventa a escrita,

---

[32] *Entretiens...*, p. 74.

[33] Possessividade essa também descrita como "uma espécie de concupiscência de inspiração mágica, uma vez que repousa sobre a ilusão de que se pode não só comunicar com o ser, mas dele se apropriar através da sua efigie.", id. p. 76.

[34] Id., p. 77.

é pelo menos contemporânea da invenção da imprensa, isto é de "uma mudança quantitativa do papel da escrita na vida social". [35]

É assim que a mesma "função possessiva" está presente na arte figurativa como na escrita: "parece-me que a escrita teve um papel muito profundo na evolução da arte para uma forma figurativa; porque a escrita ensinou aos homens que era possível, por intermédio de signos, não só significar o mundo exterior, mas também apreendê-lo e dele se apossar" [36].

A "possessividade" do objecto artístico assim como a "individualização da produção artística, ambos encarados do ponto de vista do espectador-consumidor, marcam bem o estatuto mercantil da arte nas sociedades de forte predominância do modo de produção capitalista. Ora, este é precisamente característico da "civilização mecânica" em que o mito desapareceu do colectivo para se ir alojar apenas no indivíduo.

A passagem do mito colectivo ao mito individual está assim inteiramente ligada ao advento das sociedades moderna.

Mas este processo de individuação nas sociedades modernas apresenta variadas dimensões a que certos autores prestaram alguma atenção. A começar por Marx que, num passo célebre [37], mostrou como o conceito de indivíduo isolado, de que Robinson Crusoe é o paradigma, não passa de uma projecção da sociedade burguesa; nessa sociedade em que reina a livre concorrência, o indivíduo parece liberto das ligações naturais e outras que nas épocas históricas precedentes o mantinham no seio de um conglomerado humano preciso e bem delimitado" [38].

---

[35] Id., p. 74.
[36] Id., p. 74. Cf. também p. 76: "a única realidade sociológica concomitante da escrita era a oposição de fissões, de clivagens, correspondendo a regimes de castas ou de classes, uma vez que a escrita nos apareceu nos seus princípios como um meio de dominação de homens por outros homens, como um meio de mandar nos homens, e de se apropriar das coisas".
[37] K. Marx, *Fundamentos da Crítica da Economia Política*. Trad. Fr. Paris, Anthropos, 1969, 1.º vol., p. 11.
[38] Id., p. 11.

Esse indivíduo isolado não é um ponto de partida, mas um resultado; não é o próprio da natureza humana, mas uma criação histórica. Em suma o homem "não é somente um animal social, mas ainda uma animal que não se pode individualizar a não ser em sociedade". [39]

M. Foucault , por seu lado, levou a cabo análises que põem em relevo a materialidade dos mecanismos de poder no Estado moderno, materialidade essa que se inscreve no próprio corpo do indivíduo "sujeito a esse poder". *Sujeito*, isto é, simultaneamente *submetido* e constituído *como sujeito individual*, antes do mais na sua própria corporeidade.

É certo que o indivíduo é sem dúvida o átomo fictício de uma representação ideológica da sociedade; mas, acrescenta Foucault, "ele é também uma realidade fabricada por uma tecnologia específica do poder" [40]. Com efeito, e isto é uma ideia fundamental para Foucault, "é preciso deixar de descrever sempre os efeitos do poder em termos negativos": ele "exclui", "reprime", "recalca", "censura" (...) De facto o poder produz, produz real... O indivíduo e o conhecimento que dele podemos ter relevam dessa produção". [41]

O mesmo Foucault faz notar que, se a aventura é, em todas as épocas, a narração de uma individualidade heróica, o *epos* moderno é antes o da "procura interior da infância", não já o do feito memorável mas o da "secreta singularidade", a de um pequeno Hans, do presidente Schreber... ou do homem dos ratos [42].

---

[39] Id., p. 12.

[40] M. Foucault. *Surveiller et Punir*. Paris, Gallimard, 1975, p. 195.

[41] *Op. cit.,* p.196.

[42] Em termos próximos dos de Lévi-Strauss também Foucault chama a atenção para o funcionamento da escrita: "Esta passagem à escrita das existências reais não é mais um processo de heroicização, funciona como procedimento de objectivação e de sujeição. A vida minuciosamente colacionada dos doentes mentais ou dos delinquentes tem a ver com a crónica dos reis ou a epopeia dos grandes bandidos populares, com uma certa função política da escrita; mas numa outra forma do poder".

II

Voltando, no entanto, à questão inicial, isto é, à presença de Lévi-Strauss no texto lacaniano, será interessante verificar como ela se manifesta não só a propósito da passagem do mito colectivo ao mito individual, como temos vindo a verificar mas também e isso não é menos importante, a propósito da metodologia de análise estrutural dos mitos, colectivos ou individuais.

Mas a influência estruturalista na leitura lacaniana de Freud foi marcada, antes mesmo do artigo de 1955 sobre "A estrutura dos mitos" [43], por uma outra obra publicada em 1949 sobre as *estruturas elementares do parentesco*. Aí, o método estrutural, aplicado ao estudo das regras do parentesco, tinha fornecido uma ideia base: a prevalência do significante sobre o significado [44].

Esta predominância acentuada do significante, como princípio metodológico, generaliza-se a outros objectos de análise, nomeadamente aos mitos que, a partir dos anos 60, serão o objecto privilegiado da investigação lévi-straussiana nos 4 volumes das *Mythologiques*. O texto metodológico iniciador e fundamental é o artigo já citado sobre "A estrutura dos mitos" [45].

---

[43] Cf. Lévi-Strauss, *Anthropologie Structurale*. Cap. XI, p. 227.

[44] Cf. "l'intervention dans la discussion sur l'exposé de C. Lévi-Strauss sur les rapports entre la mythologie et le rituel". In J. Lacan, *Travaux et Interventions*. Arep ed., 1977. "Se eu quisesse caracterizar o sentido em que fui sustentado e levado pelo discurso de Lévi-Strauss, diria que foi no acento posto por ele... sobre o que eu chamaria a função do significante, no sentido que o termo tem em linguística, enquanto este significante, não direi apenas se distingue pelas suas leis, mas prevalece sobre o significado ao qual se impõe". E ainda, sobre *As estruturas elementares do parentesco:* "ele mostrou-nos que as estruturas do parentesco se ordenam segundo uma série que as possibilidades da combinatória explicam em última análise; ao ponto de quase todas essas possibilidades se encontrarem realizadas algures no conjunto concreto nas estruturas que recolhemos no mundo... E, no fim de contas o que faz com que uma estrutura seja possível, são razões internas ao significante, o que faz com que uma certa forma de troca é concebível ou não, são razões propriamente aritméticas" (nesta edição as páginas não são numeradas).

[45] Há aqui uma questão de datas que convém esclarecer. A nota dos *Écrits*, datada de 1966, refere-se a dois textos anteriores: o seu "Mito individual..." e aquele a que Lacan chama "o primeiro texto de Lévi-Strauss sobre o mito". Ora o 1.° texto onde

O próprio autor sintetiza os seus objectivos nesse texto nos seguintes termos: "Nesse artigo... pus-me o problema das relações entre as variantes de um mesmo mito e procurei mostrar que cada variante, pode ser assimilada a um grupo de permutações de elementos diferentemente dispostos nas variantes vizinhas, de tal modo que o mito progride, desenvolve-se, engendra novas variantes até ao esgotamento da totalidade das combinações" [46].

É, de novo, de uma combinatória que se trata e neste caso os elementos são mitemas cuja repetição tem precisamente por função revelar, tornar manifesta a estrutura do mito na sua invariância.

O caso de Édipo é tomado como exemplo, tanto por Lévi--Strauss como por J. Lacan. Ele é, com efeito, paradigmático. Até porque, e isso interessa-nos aqui particularmente, se encontra naquele ponto de charneira entre o mito social e o mito individual: é um mito "familiar". E não é, evidentemente, por acaso que dele o próprio Freud se ocupou. Aliás, Lévi-Strauss afirma mesmo que "não se hesitará pois em incluir Freud, depois de Sófocles, entre as nossas fontes do mito de Édipo. Cada uma dessas versões merece o mesmo crédito que qualquer outra, mais antiga e, aparentemente, mais "autêntica" [47].

É aliás um princípio metodológico fundamental da análise estrutural dos mitos, o de considerar todas as variantes em igualdade de circunstâncias sem privilegiar qualquer uma delas em termos de maior ou menor autenticidade. Esse problema aliás é

Lévi-Strauss fala do mito e mesmo do "mito individual" é o referido artigo sobre "A eficácia simbólica" que data de 1949. Simplesmente, o primeiro texto onde o mito é tratado como objecto da "análise estrutural" e onde se esclarece essa metodologia, data de 1955 ("A estrutura dos mitos") e é portanto posterior ao "mito individual do neurótico" que data de 1953.

É no entanto o próprio Lévi-Strauss que nos esclarece (*Anthropologie structurale*, p. 243) ter já de 1952 a 1954 (Cf. *Annuaire de l'École pratique des Hautes Etudes, Section des Sciences Religieuses*, 1952-53, pp. 19-21; 1953-4, pp. 27-29) aplicado, verificado e validado essa metodologia "por uma análise exaustiva de todas as versões conhecidas dos mitos Zuni de origem e emergência...".

[46] Resposta de Lévi-Strauss a J. Lacan in "Intervention ..."

[47] Lévi-Strauss, *Anthropologie structurale*, p. 240.

ultrapassado uma vez que se considera ser mais importante ter em conta as relações diferenciais entre as várias versões do que procurar uma hipotética origem "autêntica". A versão sofocleana do Édipo é certamente tardia e apresentará diferenças significativas em relação a outras mais antigas. Ela não é nem mais nem menos verdadeira do que todas as outras, uma vez que todas elas formam o mesmo mito [48].

É assim que todos os acontecimentos que precedem, como os que sucedem, o drama de *Édipo Rei* ao longo da série patrilinear que vai do seu antepassado Cadmo aos seus filhos Eteocles e Polinice, se integram num conjunto cuja análise estrutural permite, no dizer de J. Lacan, determinar "na diacronia interna às linhagens heróicas certas combinações – tais (...) que um agrupamento de termos produzido na primeira geração, se reproduz na segunda mas numa combinação transformada" [49].

É assim que aquilo que se passa na geração de Édipo quando este mata o seu pai Laio, encontra a sua figura homóloga [50] na geração de Etéocles e Polinice, seus filhos.

Com efeito, a relação de Édipo com seu pai, que é de subestimação das relações de parentesco (neste caso de parentesco consanguíneo: a filiação) é homóloga da relação entre os seus filhos, que também se matam, manifestando assim uma igual subestimação do parentesco consanguíneo, embora neste caso a filiação tenha sofrido uma *transformação* ("previsível no seu rigor", diria Lacan[51]) numa relação também consanguínea, mas de germanidade [52].

---

[48] Id., p. 242: "Não existe uma versão verdadeira de que todas as outras seriam cópias ou ecos deformados. Todas as versões pertencem ao mito".

[49] In "Intervention...".

[50] O conceito de *homologia* é aqui empregue no seu sentido geométrico, isto é designando a relação entre dois elementos que, em figuras semelhantes, estão dispostos da mesma maneira.

[51] In "Intervention ...".

[52] De qualquer maneira a relação entre irmãos (germanidade) é um modo da filiação e portanto da consanguinidade entendida no sentido em que esta última se distingue do parentesco por *aliança*. Com efeito, a germanidade funda-se no facto de os irmãos terem os mesmos ascendentes.

Por outro lado, e inversamente, a sobrestimação das relações de parentesco que Édipo também manifesta a desposar a mãe, é homologada, na geração seguinte, prestando ao seu irmão Polinice os cuidados fúnebres contra a interdição imposta. Também aqui se opera uma transformação, da filiação à germanidade, dentro da invariante sobrestimação do prentesco consanguíneo.

Verifica-se assim que apenas se transforma a relação de parentesco organizadora de cada uma das gerações e que a homologia é perfeita entre cada uma delas. A filiação transforma-se em germanidade, embora ambas sejam relações consanguíneas e a segunda seja uma consequência da primeira. De resto a disjunção (subestimação das relações de parentesco), em cada uma das gerações, é homóloga entre dois elementos masculinos o que torna congruentes Laio e Etéocles, Édipo e Polinice.

Do mesmo modo que Jocasta e Antígona são congruentes. Com efeito, a conjunção (sobrestimação das relações de parentesco) também é homóloga nas duas gerações. No primeiro caso, é o parentesco por aliança entre Édipo e Jocasta que se vem acrescentar ao parentesco consanguíneo da filiação. Infringindo assim o interdito do incesto, o mesmo é dizer, a prescrição exogâmica.

De maneira semelhante, na segunda geração, a conjunção entre Polinice e Antígona reúne de novo elementos de sexo diferente e exprime também a sobrestimação de uma relação consanguínea de parentesco quando Antígona desafia o interdito da Lei, mas se, na primeira geração, isso acontecia pela vida (no casamento), no segundo caso, isso acontece no elemento da morte.

Como diz J. Lacan [53] "... a falta de arbitrário, se assim se pode dizer, do mito aparece no facto de que, aos dois níveis, encontrarmos uma coerência igual, correspondendo-se de um nível para outro ponto por ponto".

São precisamente estes os princípios que ele procurará aplicar a uma releitura do caso do "homem dos ratos".

---

[53] In "Intervention...".

O próprio Lacan o afirma ao escrever, a propósito da metodologia de análise estrutural dos mitos, ser ela por si "altamente apreciada no seu relevo, uma vez que, como Lévi-Strauss não o ignora, tentei quase de seguida, e com pleno sucesso, aplicar-lhe a grelha aos sintomas da neurose obsessiva, e especialmente à admirável análise que Freud faz do "homem dos ratos", isto numa conferência que intitulei precisamente "o mito individual do neurótico" [54].

III

Não se vai aqui comentar extensivamente o texto lacaniano [55]. Gostaríamos no entanto de interrogar alguns passos particularmente interessantes.

É assim que as primeiras e a última partes são importantes pelo facto de nelas serem apontados muito explicitamente, o que nem sempre acontece no texto lacaniano, as duas referências filosóficas fundamentais que por vezes chegam a parecer tão determinantes como o próprio Freud, isto é Hegel e Heidegger.

Note-se aliás que Lacan pertence à mesma geração de um Sartre, por exemplo, para quem esses dois autores são igualmente fundamentais, nomeadamente a propósito (como é igualmente o caso em Lacan) das questões do *outro* e da intersubjectividade [56].

No que diz respeito à influência hegeliana, um dos nomes decisivos é precisamente o do atrás referido Jean Wahl que, com uma obra publicada em 1929, *Le malheur de la conscience dans la philosophie de Hegel*, marca profundamente as jovens gerações de então pela sua leitura do pensamento hegeliano centrado sobretudo na *Fenomenologia do Espírito* [57].

---

[54] Idem.

[55] J. Lacan, *O Mito Individual do Neurótico*. Lisboa, Assírio & Alvim, 1980.

[56] Sobre a influência de Heidegger em Lacan, pode-se consultar a obra de V. Eco, *A Estrutura Ausente*. 1976, p. 339 e sqq.

[57] Obra que viria mais tarde a ser traduzida e comentada por J. Hyppolite cujas relações de profundo intercâmbio intelectual estão bem patentes nas páginas dos *Écrits*.

Um outro nome foi importante para esta geração (e nela se incluem os nomes de Merleau-Ponty, Koyré, Klossowski e Bataille) que lhe frequentou as aulas sobre Hegel na École Pratique des Hautes Étdudes entre 1933 e 1939: o de Alexandre Kojève [58].

A marca hegeliana está, no *Mito individual do neurótico*, desde logo presente na primeira parte. Depois de afirmar que toda a teoria analítica assenta no "conflito fundamental que, por intermédio da rivalidade ao pai, liga o sujeito a um valor simbólico essencial", acrescenta – antecipando já um pouco em relação ao caso do "homem dos ratos" – estar este valor, no real, sempre já degradado, desdobrando-se o pai simbólico num duplo negativo, o pai degradado do real, e o seu duplo positivo encarnando todo o valor simbólico e de que o próprio analista é uma figura. Ora é precisamente ao Senhor hegeliano da dialéctica com o Escravo que Lacan reporta essa figura, enquanto é ela que guia o sujeito no acesso à sabedoria. É isso que ficará ainda mais claro na parte final do texto.

Antes porém há que referir, ainda nesta primeira parte, o que desde logo nos é dito da psicanálise como *arte*, não talvez no sentido de *technê*, de tecnologia actuando sobre o "objecto humano" mas como relação intersubjectiva em que o homem se mede a si próprio perante o *speculum* do "Senhor/Mestre moral" e, nele se reconhecendo, acede à consciência apossando-se assim da condição humana. Arte, portanto mais no sentido de *poiesis*, enquanto também a psicanálise "comporta por excelência o uso da palavra" [59] e uma referência certa ao mito como tivemos ocasião de verificar.

---

[58] Este curso veio a ser mais tarde editado por R. Queneau, em 1947, pela Ed. Gallimard, com o título *Introduction à la Lecture de Hegel*. Trata-se de um comentário minucioso da *Fenomnologia do Espírito* em que a tonalidade "existencial" do pensamento hegeliano é particularmente posta em relevo.

[59] Cf. *Écrits*, p. 322: "a experiência psicanalítica reencontrou no homem o imperativo do verbo como a lei que o formou à sua imagem. Ela utiliza a função poética da linguagem para dar ao seu desejo a sua mediação poética. Que a psicanálise nos faça compreender enfim que é no dom da palavra que reside toda a realidade dos seus efeitos; porque é pela via desse dom que toda a realidade veio ao homem e é pelo seu acto continuado que a mantém".

Não obstante, não é de "tomada de consciência" que se deve falar em psicanálise, diz-nos Lacan (Cf. "Intervention dans la discussion de l'exposé de J. Favez-Boutonier 'Psychanalyse et philosophie'" in J. Lacan, *Travaux et interventions*) mas antes de "reconhecimento". Trata-se, ainda aqui, de um conceito hegeliano, bem no centro da dialéctica dominação-servidão. Embora seja, também, a própria filosofia, desde as suas origens que é posta em causa pela psicanálise. Com efeito, dando à antiga injunção socrática "conhece-te a ti mesmo" um "sentido mais puro", diferente da tradicional injunção filosófica de realização do eu pela superação do seu desconhecimento, "o método analítico e a ciência freudiana põem assim em causa a primazia do eu como tal na organização do sujeito". Lacan acrescenta, no mesmo texto: "com o rigor da ciência e despojando uma aberração escolástica, Freud indica-nos que o sujeito humano não tem o eu por centro, que está descentrado em relação a ele. Isto implica que não há pior palavra que *tomada de consciência* para designar a realização que assim lhe é proposta.

Que o *reconhecimento* lhe deva ser substituto, como é que isso não é evidente para todos os que praticam uma técnica cujo princípio é que não pode ser exercida pelo sujeito isolado, mas sempre com alguém?".

Já J.-P. Sartre (*L'Être et le Néant*, p. 293) tinha atribuído a Hegel esse mérito de ter definitivamente estabelecido o papel decisivo do *outro* na constituição do eu a que se refere o conceito de *reconhecimento* na dialéctica do senhor e do escravo.

Na *Fenomenologia do Espírito* (B, IV, A, p. 155 e segs. na trad. Hyppolite) Hegel, afirmando que "para a consciência de si há uma outra consciência de si" que lhe vem do exterior, e que o movimento do reconhecimento é o que lhe surgirá da análise desse carácter duplo da conciência de si enquanto mediação "que é para si somente por intermédio de um Outro". É esse Outro que, para a consciência de si "constitui a *verdade* da sua certeza de si mesma".

Enfim, nos próprios termos hegelianos "a consciência de si é em si e para si quando e porque é em si e para si para uma outra consciência de si; o que quer dizer que só é enquanto ser reconhecido". (Id. Iid.)

É nesse contexto, como adiante se verá, que Lacan retoma a análise freudiana do "homem dos ratos".

Há, fundamentalmente duas fases neste mito, correspondendo cada uma a gerações diferentes: a primeira fase corresponde à geração do pai do Homem dos Ratos – é a "constatação original que presidia ao nascimento do sujeito, ao seu destino, ...à sua pré-história" – e a segunda corresponde à geração do próprio Homem dos Ratos reproduzindo a estrutura da primeira, marcada embora por uma transformação.

A estrutura mítica da primeira geração – "mito familiar" lhe chama Lacan – pode ser esquematizada nos seguintes termos: o pai (simbólico) desdobra-se entre um duplo imaginário que é o amigo salvador e o seu personagem real de devedor. Para empregar expressões já anteriormente referidas, poder-se-á dizer que a "imagem do pai" enquanto "valor simbólico essencial" se encontra "degradada" no real, enquanto o Amigo salvador corresponderia ao que Lacan chamou anteriormente o "Senhor/Mestre moral" [60].

Por seu lado a mulher objecto do desejo também se desdobra, na constelação mítica do sujeito, entre a mulher rica, mas real, com quem o pai devedor afinal casou e uma jovem, pobre mas bela, por quem ele anteriormente tinha tido um devaneio amoroso.

Ora, a neurose do Homem dos Ratos desencadeia-se precisamente no momento em que o incita a desposar uma mulher rica. Assim, o conflito mulher rica/mulher pobre da primeira geração vem a ser reproduzida na segunda.

A transformação que se observa em relação á geração anterior diz respeito à intervenção das posições relativas da mulher pobre e da mulher rica.

---

[60] A projecção este personagem, feita pelo Homem dos Ratos durante a sua cura sobre o próprio Freud, permitirá a este último começar a avaliar a importância do *transfert* na cura analítica.

O que está na origem desta repetição da mesma estrutura mítica nos fantasmas do sujeito é a não resolução anterior da dívida do pai, tanto em relação ao amigo como em relação à sua mulher rica [61]. Daí que o esquema se repita embora o Homem dos Ratos, devendo dinheiro à senhora do correio, lhe substitua como destinatária da dívida, a empregada do albergue, mulher pobre a quem ele dedica um amor idealizado.

Com efeito, aquilo que dá o seu carácter mítico a este pequeno cenário fantasmático, "não é simplesmente o facto de pôr em cena uma cerimónia que reproduz mais ou menos exactamente a relação inaugural que aí se encontra como escondida: modifica-a numa certa tendência". Tendência que vai no sentido da extinção da dívida, "não ao amigo mas à mulher pobre, e através dela à mulher rica que o cenário imaginado lhe substitui".

Enfim, escreve ainda Lacan, "tudo se passa como se os impasses próprios da situação original para um outro ponto da organização mítica, como se o que num sítio não está resolvido se reproduzisse sempre noutro".

É, finalmente, no âmbito da cura analítica e com a identificação do personagem Amigo-Mestre ao próprio Freud, isto é na *transferência*, que um certo numero de problemas se começam a resolver.

Lacan chama também a atenção para o carácter narcísico da relação Amigo/Mestre. É óbvio ser esta imagem especular, mas em positivo, do referente negativo que o próprio sujeito é. Com efeito, o neurótico sofre sobretudo de uma "divisão interior que faz do sujeito a testemunha alienada do seu próprio eu" e é precisamente nesta forma muito especial de desdobramento narcísico que reside o drama do neurótico".

Este "desdobramento do eu" é também interpretado por Lacan em termos onde, uma vez mais, a problemática hegeliana está presente. Com efeito, esse *eu* que é "em si mesmo estranho a si próprio", que se descobre como um todo pela imagem reflectida no espelho, imagem essa que se lhe impõe como um todo, mais perfeito, numa "relação antecipada à sua própria realização", essa fenda, essa dilaceração, é bem a que, em Hegel, habita a consciência de si desdobrada nas figuras do mestre/senhor e do escravo. Do mesmo modo que, em ambos os casos, a mediação da morte, necessariamente imaginária, está presente.

Diz-nos Hyppolite [62] que "o escravo contempla o mestre, fora de si, como a sua essência – o seu ideal – uma vez que ele próprio, enquanto se reconhece escravo, se humilha. O mestre é a consciência de si que ele próprio não é, e a libertação apresenta-se como uma figura fora dele. Esta humilhação do homem, ou este reconhecimento da sua dependência, e a posição fora dela de um ideal de liberdade que não encontra em si próprio, é uma dialéctica que reencontramos no seio da consciência infeliz...". ou ainda "o senhor aparece pois ao escravo como a *verdade*, mas uma verdade que lhe é exterior. No entanto, esta verdade está também nele próprio, porque o escravo conheceu o medo; teve medo da morte, do mestre absoluto".

Tal como na confrontação senhor-escravo, é na rivalidade edipiana ao pai, e no desejo da sua morte imaginária, que o homem se forma.

Esta proximidade a Hegel não escapou a Lacan ao escrever o seguinte: "o obsessivo manifesta, com efeito, uma das atitudes que Hegel não desenvolveu na sua dialéctica do senhor e do escravo. O escravo esquivou-se perante o risco da morte, onde a oportunidade da dominação lhe era oferecida numa luta de puro prestígio. Mas uma vez que ele sabe que é mortal, sabe também que o senhor pode morrer. A partir daí, ele pode aceitar trabalhar para o senhor e renunciar entretanto ao gozo; e, na incerteza do momento em que chegará a morte do mestre, ele espera" [63].

---

[61] É precisamente nesta duplicidade da dívida e na impossibilidade da unificação que "se joga todo o drama do neurótico".

[62] In *Genèse et Structure de Phénoménologie de l'Esprit de Hegel*, tomo I, p.168.

[63] Nas considerações finais do seu texto sobre o Homem dos Ratos, Freud, depois de chamar a atenção para o papel da dúvida e da incerteza na vida do neurótico, afirmando que a criação da incerteza é um dos métodos utilizados pela neurose a fim de atrair o paciente para fora da realidade e isolá-lo do mundo – o que é uma das tendências de

qualquer distúrbio psiconeurótico" (in "Notas sobre um caso de neurose obsessiva" (1909), *Edição Standard Brasileira das Obras Psicológicas Completas de Sigmund Freud*. Rio de Janeiro, Imago, 1977. Vol. X, p. 233), descreve a situação aqui retratada por Lacan nos seguinte termos: "mas esses neuróticos (os obsessivos) carecem do auxílio da possibilidade da morte, sobretudo a fim de que ela possa servir de solução dos conflitos que eles não resolveram. (...) Assim, em todo o conflito que se introduz em suas vidas, ficam à espreita de que ocorra a morte de alguém que lhes é importante, em geral de alguém a quem amam – como um dos seus pais, um rival, ou um dos objectos do seu amor entre os quais hesitam nas suas inclinações". Id. p. 237.

4. O MÉTODO ESTRUTURAL

ALGUNS, COMO SARTRE, dedicaram um espaço considerável, dentro do seu método, às chamadas "disciplinas auxiliares", ou seja, no seu caso, a psicanálise e a sociologia. Por outro lado, acerca do marxismo, propunha-se integrá-lo no existencialismo, estabelecendo dessa forma os fundamentos de "toda a antropologia futura".

O seu método progressivo-dedutivo pretendia, no fundo, ser a síntese e a integração de todas as disciplinas auxiliares na compreensão da realidade humana, sendo o núcleo central o seu próprio método, à volta do qual se iriam integrar essas diferentes disciplinas numa constante preocupação de totalidade.

Por seu lado, Lévi-Strauss adopta uma metodologia bastante diferente. O seu objecto é também o Homem e fala igualmente da psicanálise e do marxismo numa célebre fórmula em que evoca as suas "três mestras", acrescentando a geologia.

Só que, para Lévi-Strauss, não parece que esses três saberes possam ser considerados "disciplinas auxiliares": são sim exemplos conseguidos dum modelo metodológico cuja expressão mais forte continua a ser uma outra disciplina: a *linguística*.

Sem dúvida que o método estrutural de Lévi-Strauss deve muito ao modelo linguístico desenvolvido por Saussure e do qual

Lévi-Strauss teve conhecimento através de Jakobson. É ele próprio quem o afirma em várias ocasiões e existe uma vasta bibliografia que nos mostra o papel matricial que a linguística estrutural teve em relação ao estruturalismo em geral e ao método antropológico de Lévi-Strauss em particular.

É menos frequente falar de toda uma linha de autores, de Durkheim a Mauss, que nos domínios da sociologia e da antropologia elaboraram um certo número de conceitos e quadros teóricos permitindo, de uma certa forma, a Lévi-Strauss estabelecer uma ligação entre a linguística e a antropologia, integrando nesta os métodos e os fundamentos teóricos da primeira.

É através deste aspecto que se pode verificar como, se o modelo linguístico foi adoptado por Lévi-Strauss é porque ele se inseria numa genealogia sociológica cujo fundador é Durkheim e um dos grandes continuadores Marcel Mauss. Foi todo o aparelho conceptual construído por estes autores que no fundo permitiu a Lévi-Strauss conceber a importância para o domínio do social das concepções da linguística estrutural.

Aliás todos os caminhos se entrecruzam, uma vez que, como se sabe, o próprio Saussure sofreu a influência de Durkheim ao definir a língua como um "facto social" no sentido durkheimiano do termo.

Existe mesmo um fio condutor filosófico que liga todos estes autores, de Durkheim a Saussure e a Lévi-Strauss, é o seu *racionalismo*.

Durkheim afirma-o de forma bastante explícita: "O nosso principal objectivo, com efeito, é estender à conduta humana o racionalismo científico" [1]. Saussure não é menos racionalista e quanto a Lévi-Strauss isso parece ser óbvio.

Mas, voltando a Durkheim, é a própria noção de "facto social", tal como é definida nas *Regras do método sociológico,* que terá uma importância decisiva e que iremos encontrar em Lévi-Strauss, sem dúvida modificada por todas as contribuições teóricas que veio a integrar no seu pensamento e na sua metodologia.

---

[1] E. Durkheim, *Règles de la Méthode Sociologique*, Paris, PUF, 1973, p. 14.

Existem pelo menos dois enunciados que sofrem influência da definição durkheimiana de "facto social": "É facto social toda a forma de desempenho, fixo ou não, susceptível de exercer sobre o indivíduo uma imposição externa; ou ainda, que é geral dentro de uma determinada sociedade tendo uma existência própria, independente das suas manifestações individuais" [2].

Esta definição obedece a uma necessidade teórica fundamental uma vez que se trata de fundar uma ciência nova. Trata-se de delimitar (definir) reflectindo o que existe de específico no seu domínio próprio. Durkheim pretende, por um lado, distinguir a sociologia em relação à filosofia, atribuindo-lhe um domínio suficientemente objectivo para que um pensamento de ordem científica se possa exercer. Por outro lado, este objecto da sociologia deveria também distinguir-se não apenas dos objectos das ciências da natureza mas também das outras ciências humanas emergentes, nomeadamente a psicologia.

Trata-se, portanto, de estabelecer a realidade objectiva dos factos sociais, por outras palavras das "...formas de agir, de pensar e de sentir que constatam essa extraordinária propriedade de que existem para além das consciências individuais" [3]. As crenças religiosas, por exemplo, (ou os mitos estudados por Lévi-Strauss) já existiam antes de qualquer indivíduo delas tomar consciência. Tal como – conforme exemplos apresentados pelo próprio Durkheim [4] – "os sistemas monetários" ou ainda "o sistema de signos de que me sirvo para exprimir o meu pensamento" [5], ou seja, a linguagem. O mesmo é afirmado por Saussure a propósito do sistema da língua, comparando-o ao sistema monetário.

Os factos sociais existem, por conseguinte, num nível genérico "funcionando independentemente do uso que deles faço".

A afirmação constante da realidade objectiva dos factos sociais, independentes da consciência individual, é precisamente o âmago

---

[2] *Id., ibid.*
[3] *Id., ibid.*
[4] *Id.,* p. 4.
[5] *Id., ibid.*

do pensamento sociológico de Durkheim. É exactamente através desse aspecto que procura impô-lo, e praticá-lo enquanto ciência.

Desta forma a primeira regra do seu método (e a fundamental, sublinha o autor) é a que consiste em considerar os factos sociais como coisas, com vista a ultrapassar o "obstáculo consciencialista" tão divulgado no domínio em que ele pretende fazer ciência. Mais uma vez é necessário vencer o antropocentrismo.

E se falamos de factos sociais como *coisas* não é no sentido estritamente material mas simplesmente para sublinhar o facto de estarem afastados de qualquer tipo de tentativa de introspecção, método por excelência de um certo tipo de filosofia.

Não se irá, portanto, ocupar do indivíduo mas sim do colectivo, mais precisamente da "consciência colectiva" que de uma certa forma é encarnada pelas instituições e é irredutível da consciência individual.

Durkheim toma, portanto, uma posição "holista" ao pretender que a sociedade é irredutível à soma dos indivíduos que a constituem.

A "consciência colectiva" duma sociedade, bem como as suas "representações colectivas" são realidades autónomas, que sem dúvida integram as consciências individuais, uma vez que as sociedades humanas são formadas por indivíduos mas que funcionam segundo regras e leis específicas. É precisamente das *regras*, *leis* ou *normas* colectivas que a sociologia se ocupa. Encontramos assim a primeira definição de facto social que o caracteriza como sendo "susceptível de exercer sobre o indivíduo uma imposição externa".

Lévi-Strauss, que se reconhece a si próprio como durkheimiano, esforçar-se-á, precisamente, por estudar "factos sociais" como por exemplo os sistemas de parentesco e as suas *regras* de casamento. Factos sociais no sentido de "coisas" que existem fora das consciências individuais e são originadas de um domínio específico, a "consciência colectiva" e as suas representações, cujo funcionamento é autónomo e condiciona os comportamentos individuais.

Citando "As formas da Vida Religiosa" de Durkheim, Lévi--Strauss escreve o seguinte: "Pela primeira vez observações etnográficas metodicamente analisadas e classificadas, deixam de aparecer como um ajuntamento de curiosidades ou aberrações ou como vestígios do passado, que nos esforçávamos por situar no seio de uma tipologia sistemática de crenças e de condutas" [6].

Mas este não é o último estádio do pensamento durkheimiano e Lévi-Strauss teve, em várias ocasiões, a oportunidade de formular críticas a propósito do seu mestre.

Essas críticas referem-se a dois aspectos que, aliás, são complementares: o primeiro é o papel da história na explicação etnológica; e o segundo é o carácter largamente inconsciente do domínio das generalidades sociológicas ou, poderíamos dizer, o carácter inconsciente do "consciente colectivo" durkheimiano.

A propósito do primeiro ponto, Lévi-Strauss assinala [7] a evolução da posição de Durkheim no que diz respeito às relações entre história e etnografia e entre estas duas disciplinas e a sociologia. Numa primeira fase ele privilegia a história no ofício de sociólogo que "deverá ter por matéria das suas induções as sociedades cujas crenças, tradições, instituições, costumes, direito estão patenteadas em monumentos escritos e autênticos" [8]. Por outro lado as informações etnográficas "só serão utilizadas em geral como complemento das que se devem à história ou, pelo menos, deve--se tentar confirmá-las através desta última" [9].

Mais tarde esta posição modifica-se. Na opinião de Lévi-Strauss isto deve-se ao desenvolvimento da etnografia que lhe permitiu fazer observações e fornecer informações cada vez mais fiáveis e precisas.

Mas este inverter de posições vai ter consequências teóricas bastante profundas, apesar de não terem sido exploradas como deveriam pelo próprio Durkheim. Ainda de acordo com Lévi-

---

[6] *Anthropologie Structurale Deux*, p. 62.
[7] *Op. cit.,* cap. III.
[8] *Id.*
[9] *Id., ibid.*

-Strauss, Durkheim teria mantido "uma confusão entre os pontos de vista histórico e lógico, entre a busca das origens e a descoberta das funções" [10]. É o ponto de vista lógico, ou seja, estrutural, que é necessário ter em etnologia e não o ponto de vista histórico (bastante desenvolvido pelo evolucionismo tão desacreditado) que se perde numa vã busca das origens, uma vez que é "impossível falar sobre um objecto, de reconstituir a história que lhe deu origem, sem saber primeiro o *que ele é*; por outras palavras, sem ter esgotado o inventário das suas determinações internas" [11].

Apenas no "inventário das suas determinações internas", ou seja, na tentativa de explicar os fenómenos sociais através das *relações* que as unem e não pelas suas origens históricas, Durkheim não vai além da noção de "consciência colectiva" que, na sua opinião, é irredutível. Voltamos aqui à segunda crítica de Lévi--Strauss acima assinalada: na sua opinião é necessário ir mais longe e atingir o domínio das "categorias inconscientes" [12] do espírito humano que apenas a análise estrutural pode atingir.

Mas para chegar à construção deste método estrutural Lévi--Strauss teve de recorrer ao auxílio de outras contribuições teóricas.

*

*　　*

Em primeiro lugar surge Marcel Mauss, colaborador próximo de Durkheim, cujo *Essai sur le Don* foi capital para a formação de Lévi-Strauss.

São sobretudo as noções de *troca* e de *reciprocidade*, desenvolvidas neste ensaio, que permitiram a Lévi-Strauss construir uma visão global da sociedade como sistema de comunicação e aplicar, a partir daí, métodos de análise estrutural, próprios da linguística estrutural, ao domínio do parentesco.

---

[10] *Id., ibid.*
[11] *Id.*, p. 14.
[12] *Id.*, p. 15.

Nesta obra, que se tornou um clássico, Mauss propõe-se fazer uma arqueologia das transacções humanas para concluir que tinha encontrado "as rochas humanas sobre as quais estão construídas as nossas sociedades" [13].

O seu ponto de partida é, efectivamente, durkheimiano, bem como a sua metodologia. Trata-se de estudar os factos sociais, que apelida de "totais", e que se manifestam nas instituições (religiosas, jurídicas e morais), factos sociais esses que têm o carácter de "coisas" e obedecem a dois princípios: 1.º autonomia dos factos sociais em relação às consciências individuais; 2.º a força condicionante que se exerce sobre esses mesmos indivíduos.

Nas diferentes formas de *troca* (é este o facto social primordial), como a dádiva ou o *Potlach* não são indivíduos que estão em questão mas sim grupos: "...não são os indivíduos, são as colectividades que se obrigam mutuamente, trocando e contratando" [14]. Existe, portanto, uma obrigação entre colectivos – "pessoas morais: clãs, tribos, famílias" – que se obrigam mutuamente. A ideia de *reciprocidade* será, desta forma, evidenciada ao longo de todo o *Ensaio*.

Trata-se por um lado do que Mauss chama um "sistema de prestações totais" uma vez que não se trata apenas da troca de bens económicos mas também de "cortesias, festas, rituais, serviços militares, mulheres, etc.".

Estas prestações totais entre os grupos ou entre os indivíduos que os representam, os seus chefes, ganham um aspecto "agonístico" no caso do *Potlach*. Trata-se, neste caso, da destruição ritual dos bens, por vezes de elevado valor e em quantidade, com o objectivo ostentativo de exibir as suas riquezas num desafio ao rival que terá de poder demonstrar a mesma capacidade ostentativa em pura perda. Apesar de se tratar de um caso extremo de troca, apresenta as características do facto social mutuamente obrigatório para os grupos em presença e a espiral agonística que desencadeia é autónoma em relação aos actores em presença.

---

[13] M. Mauss, *Essai sur le Don*, p. 148.
[14] *Id.*, p. 150.

No caso menos extremo da dádiva e da troca, trata-se, para Mauss, de compreender os "mecanismos espirituais" que obrigam a dar, a receber e a restituir aquilo que se recebeu.

O "mecanismo espiritual" que explica a *dádiva* e a sua reciprocidade, é a convicção profunda, partilhada pelos que efectuam a troca, que a coisa dada não é mais uma coisa inerte, mas que está animada por um poder espiritual que é o do doador. O que foi dado pertence sempre àquele que dá, daí a obrigação de o restituir. É como se aquele que recebe se quisesse desembaraçar do que não lhe pertence e de que por conseguinte se deve desfazer. É como se a coisa estivesse animada de uma força que a faz retornar ao lugar de onde proveio, o ser do seu doador que é o seu ser. A coisa persiste no seu ser ao longo de todo o circuito de troca.

Contudo ela cria uma ligação entre as partes que participam da troca, cria uma obrigação e não se é livre de não receber ou de não restituir. Tal como não somos livres de recusar o desafio proposto pelo *potlach* sob pena de ficarmos desmoralizados.

A circulação de coisas (incluindo mulheres no sistema de parentesco) faz-se, portanto, com a certeza de que, mais tarde ou mais cedo, elas serão restituídas. O princípio da reciprocidade é, precisamente, o fundamento da troca quer o "pagamento" seja feito à vista ou a prazo

Em suma, Mauss resume tudo isto excelentemente quando escreve: "Se damos e restituimos coisas é porque *nos* estamos a dar e a restituir "respeito" – também se costuma dizer "cortesias". Mas também *nos* damos porque *nos* devemos – nós próprios e os nossos bens – aos outros".

À primeira vista quase que poderíamos afirmar que todo o Lévi-Strauss - nomeadamente o de *Les Structures Elémentaires de la Parenté* – já está aqui, no *Ensaio sobre a Dádiva*.

O que não é totalmente verdade porque neste ponto encontramo-nos num cruzamento onde se juntam, em Lévi-Strauss, a tradição da sociologia francesa e a do modelo metodológico oferecido pela linguística estrutural.

De uma certa forma é também este modelo que fornece os instrumentos para a crítica a Mauss.

Em todo o caso é esta síntese que será aplicada na obra fundadora do estruturalismo francês, a já citada *Estruturas Elementares do Parentesco*. Mauss é omnipresente uma vez que é precisamente a noção de troca e de reciprocidade que irá permitir unificar num princípio explicativo toda a diversidade cultural das regras do parentesco.: "...é a troca, sempre a troca, que ressalta como a base fundamental e comum de todas as modalidades da instituição matrimonial" [15].

Quer seja nos sistemas onde a reciprocidade do Dom das mulheres no casamento se restabelece imediatamente (troca restrita) ou aqueles onde ela se restabelece apenas de uma forma mediata (troca generalizada) encontramos sempre uma "...finalidade que tende a assegurar, pela interdição do casamento em graus proibidos, a circulação total e contínua desses bens do grupo por excelência que são as suas mulheres e as suas filhas" [16]. *(id. ibid.)*.

Com efeito a regra universal nas sociedades humanas, a **interdição do incesto,** que marca a passagem da natureza para a cultura (1), não é mais do que a versão negativa duma prescrição positiva, a *exogamia:* "A proibição do incesto não é tanto uma regra que proíbe casar com mãe, irmã ou filha, mas sim uma regra que obriga a dar mãe, irmã ou filha a outra pessoa. É a regra da Dádiva por excelência" [17].

É assim que, para Lévi-Strauss, a teorização de Mauss sobre a troca recíproca (o subtítulo do *Ensaio sobre a Dádiva* é "Forma e razões da troca nas sociedades arcaicas") fornece um modelo para a análise não apenas do parentesco como troca, mas também de toda a sociedade segundo um esquema comunicacional em três níveis onde se trocam as mulheres (no parentesco), as palavras (na linguagem) e os bens (na economia).

---

[15] *Op. cit.,* p. 549.
[16] *Id., ibid.*
[17] *Id.,* p. 552.

Mas, dado que o próprio arquétipo deste modelo comunicacional é precisamente a linguagem, surge a metodologia própria à linguística como um modelo generalizado ao conjunto das ciências humanas e, nomeadamente à antropologia. A tal ponto que Lévi-Strauss afirma: "...é preciso reconhecer que linguistas e sociólogos não só aplicam o mesmo método como se debruçam sobre o estudo do mesmo objecto. Nesta perspectiva exogamia e linguagem desempenham a mesma função fundamental: a comunicação, a comunicação com o outro e a integração no grupo" [18].

Se a troca tem por finalidade "a integração no grupo" através da comunicação, permite-se compreender a sociedade segundo a perspectiva de Lévi-Strauss, ou seja, "estruturada como uma linguagem", o que ainda não sucedia com Mauss. Precisamente o que Lévi-Strauss lhe critica. Com efeito ele faz uma análise crítica deste pensamento num texto de 1950: "Introdução à Obra de Marcel Mauss" [19]. Nele procura "a razão pela qual Mauss se deteve à beira destas imensas possibilidades, como Moisés conduzindo o seu povo até à terra prometida da qual jamais contemplaria o esplendor" [20].

Com efeito Mauss trata de explicar a reciprocidade da troca que se exprime nas três obrigações "dar, receber, restituir". Coloca-se no ponto de vista do indígena e encontra esta razão no "espírito da coisa dada". É esta participação da coisa no ser do doador que explica, como vimos, a obrigação de restituir o que, em última instância não nos pertence e que, por conseguinte, nos temos que desembaraçar de alguma forma: "...nas coisas trocadas... existe uma virtude que obriga as dádivas a circular, a serem dadas, a serem vendidas" [21].

É contra esta teoria "indigenista" que Lévi-Strauss propõe uma interpretação que se quer científica. E um primeiro passo da sua crítica consiste em passar de um registo consciente para um registo inconsciente. "o «hau» não é o motivo mais forte para a troca: é a

---

[18] *Id.,* p. 565.
[19] In *Sociologie et Anthropologie,* Paris, PUF, 1950.
[20] *Op. cit.,* p. XXXVII.
[21] Citado por Lévi-Strauss in *op. cit.,* p. XXXVIII.

forma consciente sob a qual os homens de uma determinada sociedade, onde o problema tinha uma importância particular, apreenderam uma necessidade inconsciente cuja razão se encontra algures em qualquer outra parte" [22].

A teoria proposta por Maus que é aliás a do indígena, baseia-se portanto na consciência que os sujeitos têm dos factos. O que evidentemente não é a melhor via: "O que os sujeitos acreditam, sejam eles fuégios ou australianos, está sempre muito afastado daquilo que eles pensam ou fazem efectivamente" [23]. Esta realidade subjacente, inconsciente para os sujeitos, deverá ser investigada através da análise das *instituições* e nomeadamente da linguagem (encontramos aqui o "facto social" durkheimiano se bem que sob a forma do "inconsciente colectivo").

Desta forma, na troca recíproca, existe por vezes uma mesma palavra para exprimir o "dar" e o "receber". Mauss apercebia-se duma antítese entre os dois sujeitos que se opõem no acto de troca. Mas faltava-lhe compreender que se tratava de uma mesma realidade e de que não existia nenhuma antítese. Já não é necessário recorrer à explicação tautológica fornecida pelo "espírito da coisa" (o *hau*) porque não existe oposição entre os diferentes aspectos da troca. É a troca em si, enquanto relação, que é mais importante. As noções mágicas ou afectivas como o *hau* são supérfluas na medida em que é a troca em si que é a estrutura subjacente à vida social. É a troca como "sistema de relações" que une, explicando-os, aos diferentes factos sociais aparentemente opostos, e os torna evidentes para o observador.

*
*   *

Esta noção de um "sistema de relações" inconscientes que funciona segundo um modelo comunicacional de troca recíproca, será reencontrado por Lévi-Strauss na linguística estrutural. Serão

---

[22] *Op. cit.*, p. XXXIX.
[23] *Id., ibid.*

os próprios progressos desta disciplina, quem lhe irão fornecer os instrumentos teóricos que lhe permitirão levar mais longe as análises de Mauss e generalizar ao conjunto do domínio antropológico a nova metodologia estrutural assim construída.

Num artigo de 1945 Lévi-Strauss explica-se claramente a propósito desta questão. Trata-se de "aprender com a linguística moderna o caminho que leva ao conhecimento positivo dos factos sociais" [24].

Na linguística a sua referência explícita é a fonologia e o autor seguido, para além de Jakobson, é Troubetzkoy. Citando-o (mais precisamente um seu artigo de 1933 "La phonologie actuelle" [25]) Lévi-Strauss enuncia os princípios metodológicos fundamentais aplicáveis à antropologia:

1.º passar do estudo dos fenómenos linguísticos *conscientes* ao estudo da infra-estrutura *inconsciente;*

2.º recusar tratar os termos como entidades independentes, pelo contrário ter como base da análise a relação entre os termos;

3.º introduzir a noção de *sistema* (mostrar sistemas concretos e colocar em evidência as suas estruturas);

4.º ter em vista a descoberta de *leis gerais*, quer sejam encontradas por indução, "quer sejam deduzidas de forma lógica, o que lhes confere um carácter absoluto".

Apesar de ser Troubetzkoy o autor citado na enumeração destes princípios fundadores da metodologia estrutural, como adequadamente sublinhou Mounin, todos estes princípios já se encontravam em Saussure.

Desta forma, o primeiro princípio metodológico que é aqui enunciado – a passagem do consciente ao inconsciente – encontra-se já de uma certa forma presente na distinção saussuriana entre *língua* e *fala*, as duas instâncias da linguagem.

Evidentemente que a noção de inconsciente, no sentido freudiano, não está presente no texto de Saussure. A língua é defi-

---

[24] *Anthropologie Structurale*, p. 37.
[25] Cfr. id., p. 40.

nida como um *facto social* que "não é uma função do sujeito falante" [26] enquanto a *fala* é um "acto individual de vontade e de inteligência" [27].

Como *facto social* no sentido durkheimiano, a *língua* é uma instituição ("cristalização social" como diz Saussure [28]) independente das consciências individuais e sobre as quais exerce um poder condicionante enquanto *código*, na terminologia de Saussure [29].

Este *código*, pela sua generalidade, é precisamente o *Espírito humano* [30] de que fala Lévi-Strauss. Ambas as expressões nos fazem voltar à "consciência colectiva" de Durkheim: "...a pretensa 'consciência colectiva' reduzia-se a uma expressão, a nível do pensamento e das condutas individuais, de certas modalidades temporais de leis universais em que consiste a actividade inconsciente do espírito" [31].

De uma certa forma quase que poderíamos dizer, à primeira vista, que "o inconsciente do espírito" tem aqui o valor do que Durkheim chama a autonomia do facto social em relação às consciências individuais. Mas há ainda algo mais, uma vez que nesta "actividade inconsciente do espírito" se escondem "leis universais" das quais a consciência colectiva ou individual não é mais que a expressão temporal.

Essas "leis universais" constituem o código da linguagem a propósito da qual Lévi-Strauss se pergunta em que medida corresponderá à cultura à qual esta língua pertence. Por outras palavras, pergunta quais as relações que existem entre um código linguístico e a cultura correspondente.

Por outro lado, nos pontos 2 e 3, Lévi-Strauss retoma à linguística a noção de *sistema* (*estrutura*, na sua terminologia) para acentuar a natureza diferencial e relacional do signo linguístico.

---

[26] *Cours de Linguistique Générale*, Paris, Payot, 1969, p. 30.
[27] *Id., ibid.*
[28] *Id.,* p. 29.
[29] *Id.,* p. 31.
[30] *Anthropologie Structurale*, p. 91.
[31] *Id.,* p. 75.

Este facto permitirá considerar, por analogia, o facto social "parentesco" como um *sistema* onde o elemento de parentesco se define, tal como o signo linguístico, pelo seu valor diferencial de relação: "...o que é verdadeiramente "elementar" não são as famílias, termos isolados, mas a relação entre esses termos" [32].

No importante texto que acabamos de citar Lévi-Strauss apresenta a solução para uma questão central em antropologia. Contrariamente ao que se pensava anteriormente, pretende ele, quando se definia o *átomo de parentesco* como sendo a família biológica (pai, mães, filhos), Lévi-Strauss evidencia a importância do avunculato para definir o que é o verdadeiro *elemento de parentesco* que não se reduz à família conjugal mas deverá incluir o tio materno: "Não existe portanto a necessidade de explicar como o tio materno surge na estrutura do parentesco: ele não aparece, é dado de forma imediata, é a condição. O erro da sociologia tradicional, tal como o da linguística tradicional, é ter em consideração os termos e não as relações entre os termos" [33].

Tudo isto resulta, em última análise, da universalidade da proibição do incesto, ou seja, da prescrição exógama, sendo ela própria consequência da estrutura "de troca" da sociedade.

É precisamente neste ponto que se combinam, no pensamento de Lévi-Strauss, as contribuições de Mauss e de Saussure. E o local antropológico desta confluência é, em primeiro lugar, na obra de Lévi-Strauss, a análise do parentesco.

Se a troca recíproca permite pensar a sociedade como um sistema total de comunicação entre os grupos, incluindo a troca de mulheres no parentesco, a noção de sistema de relações e de valor diferencial em linguística fornece um modelo teórico e metodológico ensaiado para enquadrar de forma rigorosa e em termos científicos, a troca social descrita por Mauss.

Em suma, Lévi-Strauss retoma aqui o projecto semiológico enunciado (mas não desenvolvido) por Saussure: "Podemos, por

---

[32] *Id.*, p. 62.
[33] *Anthropologie Structurale Deux*, p. 57.

conseguinte, conceber *uma ciência que estude a vida dos signos no seio da vida social*, (...) chamar-lhe-emos semiologia (do grego *sémeîon*, "signo"). Dir-nos-á em que é que consistem os signos, por que leis são regidos. A linguística não é mais que uma parte desta ciência geral, as leis que a semiologia vier a descobrir serão aplicáveis à linguística, e esta encontrar-se-á ligada a um domínio bem definido no conjunto dos factos humanos" [34].

Chamando a si este projecto Lévi-Strauss pretende sobretudo dar uma resposta ao problema *epistemológico* do estatuto científico da antropologia. Ou seja, para que a antropologia se torne uma ciência será necessário definir o seu *objecto* e desenvolver um método.

No que diz respeito ao *método* o modelo será, sobretudo, o da fonologia. Lévi-Strauss explica-se em várias ocasiões em pormenor, nomeadamente no prefácio às lições de Jakobson sobre o som e o sentido.

Desde logo preocupado com o estudo dos sistemas de parentesco, o nosso autor encontrava-se perante um problema comum ao do linguista perante a multiplicidade de termos a estudar: como encontrar nessa proliferação caótica um princípio organizador da investigação?

Um primeiro princípio é-lhe fornecido por Jakobson, que ele cita: "a explicação deve ser sempre dada com o objectivo de mostrar as invariáveis existentes na sociedade" [35].

Será este o método adoptado no domínio dos sistemas de parentesco, procurando em primeiro lugar o que existe de invariável subjacente ao aumento empírico da vivência, bem como no domínio da mitologia onde revela nas unidades mínimas de significação mítica (os "mitemas") a sua estrutura de repetição invariável bem como as suas transformações.

Poderá então construir modelos formais onde serão vertidos, como em moldes, os conteúdos.

---

[34] *Op. cit.*, p. 33.
[35] *Id.*, p. 8.

Lévi-Strauss irá buscar outros princípios, todos eles intimamente ligados, à linguística; mostrar-se-ão particularmente fecundos no estudo de fenómenos de parentesco. Desta forma, quando Lévi-Strauss cita Jakobson para afirmar que é necessário "libertarmo-nos da consideração dos termos para nos elevarmos à das relações" [36] vemos imediatamente como isso está em perfeita harmonia com a lição maussiana de *O Ensaio sobre a Dádiva*.

Nos sistemas de parentesco o importante não são os indivíduos mas "a sua oposição recíproca no seio de um sistema" [37] nomeadamente através da troca recíproca.

Os indivíduos e a sua vivência, tal como os fonemas, só se tornam compreensíveis a partir das redes de relações que os estruturam, nomeadamente, os seus papeis sociais.

A noção de *fonema*, definida pelo seu carácter diferencial é, portanto, capital para fundar o método estrutural de Lévi-Strauss, nos dois principais domínios da sua investigação: o parentesco e os mitos.

No primeiro caso estabelece-se uma analogia entre o *fonema* e a *proibição do incesto*. Desta forma, da mesma maneira que o fonema não existe por si mas apenas se manifesta num conjunto das relações opositivas e negativas que se estabelecem entre fonemas, as regras derivadas da proibição do incesto só ganham sentido no conjunto das relações opositivas que mantém.

Por exemplo a regra da aliança matrimonial não tem significado a não ser que se oponha à da aliança patrilateral, bem como às regras de filiação patrilinear ou matrilinear, a combinação destas diferentes regras permite patentear a estrutura profunda do sistema de parentesco.

É assim que, por exemplo, uma regra de filiação patrilinear combinada com uma regra de aliança matrilinear pode estar na origem de um sistema de troca generalizada, enquanto que a filiação matrilinear combinada com uma aliança patrilinear pode con-

---

[36] *Id.*, p. 9.
[37] *Id., ibid.*

duzir, de forma completamente diferente, a um sistema de troca restrita.

Mas existe ainda uma outra analogia entre o fonema e a proibição do incesto: enquanto que a primeira assegura a articulação entre o som e o sentido, a segunda assegura a articulação entre a cultura e a natureza.

Do mesmo modo, ambos são formas vazias e universais mas que permitem, dentro de uma extrema variedade de línguas e de culturas, assegurar a comunicação entre os grupos, quer se trate de uma comunicação linguística *stricto sensu* ou uma comunicação integradora dos grupos que efectuam trocas.

No segundo caso a analogia estabelece-se entre o fonema e o *mitema* na análise dos mitos [38].

Aqui a analogia fonema-mitema poderá parecer um pouco arriscada uma vez que se trata de dois campos bastante mais próximos: trata-se, em ambos os casos, de linguagem.

Poderíamos pensar que se os fonemas, em si, são desprovidos de significado, tal não acontece com os mitemas uma vez que, no fundo, eles são constituídos por palavras e frases, elementos que por si já têm uma certa "carga semântica".

Só que no contexto da análise dos mitos, cada mitema desempenha o papel do fonema na linguagem, uma vez que enquanto *elemento de construção do discurso mítico* é também entidade puramente "opositiva, relativa e negativa" tal como o fonema: "só através das relações de correlação e de oposição que eles mantêm com outros mitemas no seio do mito, é que poderemos tirar uma significação. Esta não pertence a nenhum mitema em particular; resulta da sua combinação" [39].

Quanto ao objecto ao qual se irá aplicar este método é, evidentemente, a realidade humana, visto que de antropologia se trata, mais precisamente, do objecto da antropologia, tal como ela é concebida por Lévi-Strauss, ou seja, o que uma antropolo-

---

[38] Cf. *op. cit.,* p. 15.
[39] *Id.,* p. 15.

gia com pretensões científicas pode e deve alcançar dentro do humano: é nesta "actividade inconsciente do espírito" que se encontrará, por fim, o significado.

Quando se fala de *inconsciente,* é evidente que se pensa em Freud e aliás, como já tivemos oportunidade de ver, Lévi-Strauss reclama--se um seu discípulo de forma bastante explícita. Será necessário, no entanto, interrogarmo-nos sobre o que existe subjacente a esta filiação freudiana. É disso que trata o Capítulo 7.

5. DO PENSAMENTO SELVAGEM

EM 1962 LÉVI-STRAUSS publica – "à memória de Maurice Merleau-Ponty" – uma obra, *La Pensée Sauvage* [1], em que, por um
lado faz o balanço do seu trabalho anterior e, por outro, prepara
a reflexão futura.

É um livro de charneira, poderíamos mesmo afirmar que é o
ponto central da sua obra, na medida em que se confronta com o
pensamento selvagem no seu estado puro, "essa lógica do concreto" que tinha empiricamente estudado em *Structures élémentaires de la parenté* (SEP) e volta a encontrar nas *Mythologiques* (M).

Entre a estrutura do parentesco e a narrativa mítica existe um
aspecto comum, sempre presente, por se tratar, em ambos os casos,
de produções do pensamento selvagem. O mito, tal como o parentesco, funciona com uma "lógica do concreto" (ou "lógica das
qualidades sensíveis") que se traduz em, primeiro lugar, em sistemas de classificação próprios, apelidados de totemismo. Totemismo
que, aliás, encontramos tanto nos sistemas de parentesco (é mesmo
o seu fundamento) como nas narrativas míticas.

Mas ao iniciar uma obra que se anuncia de uma extrema tecni-
cidade antropológica, porque razão Lévi-Strauss – tão afastado,

---

[1] Claude Lévi-Strauss, *La Pensée Sauvage*, Paris, Plon, 1962. Usaremos a sigla PS.

aparentemente, de um tipo pensamento como o de Sartre – opta por empregar precisamente a terminologia deste último?

Ele próprio responde, no prefácio, explicando que se trata, em ambos os casos, de reflectir sobre os "fundamentos filosóficos da antropologia" estimando, ao mesmo tempo, ter que esclarecer os seus desacordos com Sartre a este respeito.

Um certo tom bem característico do autor está presente desde as primeiras páginas de PS. Trata-se de mostrar mais uma vez, contra toda a espécie de evolucionismo, que o homem, apesar de por vezes ser selvagem, nunca foi "primitivo", nomeadamente no seu pensamento, mostrando que está plenamente desenvolvido, não "desde o princípio" mas desde sempre e por toda a parte, apesar de diferentes formas.

Trata-se de compreender como pensa o selvagem, para mostrar, contra todo o hegelianismo, que a Razão opera em pleno desde a origem, sem esperar por um longo processo de desenvolvimento.

A razão não se manifesta sempre da mesma maneira, mas esta diferença não se encontra no eixo da diacronia; distribui-se, em contemporaneidade, entre as diferentes culturas. Temos então que esclarecer as causas de uma "lógica concreta" que dirige o pensamento selvagem, começando por afastar as opiniões – enraizadas num certo formalismo – segundo as quais este pensamento é primordialmente utilitário: só se ocuparia daquilo que é imediatamente necessário ao Homem.

Por exemplo, uma população de pigmeus das Filipinas distingue e classifica diferentes espécies de morcegos não pela sua utilidade imediata, que provavelmente é nula, mas pela relações que mantêm com as outras espécies, neste caso vegetais: "o *tidikin* vive sobre a folhagem ressequida das palmeiras, o *dikidik*, sob as folhagens da bananeira selvagem, o *littit* nos bambusais, o *kolumboy* nas cavidades dos troncos de árvore, o *honanabã* nos bosques cerrados, e assim por diante" (PS. 8).

Isto implica, nas mais diferentes culturas selvagens, um léxico por vezes impressionante pela sua extensão, que designa uma enorme variedade de espécies vegetais e animais, para além da sua morfologia: "Para descrever as partes constitutivas e as propriedades dos vegetais, os Hanunóa têm mais de 150 termos que conotam as categorias em função das quais identificam as plantas..." [2].

Como muito possivelmente nem todas essas espécies têm uma utilidade visível do ponto de vista prático, todo o saber que a seu respeito é acumulado tem de ser explicado por outras razões.

Razões que, como veremos, se revelaram puramente "científicas".

Poder-se-á então falar de uma ciência cujo objectivo não é, necessariamente, um fim prático, mas simplesmente a satisfação do desejo de conhecer a natureza, tal como a sociedade.

Esta necessidade de conhecer é essencialmente uma necessidade de classificação; procura, antes de mais, impor uma ordem, visto que "cada coisa sagrada deve estar no seu lugar", como precisou um "selvagem" citado na p. 17 de *La Pensée Sauvage*.

Haverá talvez nesse pensamento, aliás como em todos, uma espécie de horror do vazio, da indistinção que seria o caos. É então preciso distinguir, por oposição, para bem classificar: "...a classificação, seja ela qual for, possui uma virtude própria em relação à ausência de classificação" [3].

Isto manifesta-se claramente tanto nos sistemas de parentesco como nos ritos, onde sempre se tenta "não deixar escapar nenhum ser, aspecto ou objecto, a fim de lhe conferir um lugar no seio de uma classe" [4].

Nesta perspectiva, o pensamento selvagem é tão "acabado" como o pensamento científico que nós conhecemos, dado que, no fundo, também se baseia numa taxonomia.

Existem, por conseguinte duas forma de pensar cientificamente; uma, que é a nossa, bastante conceitualizada, afastada do sensível,

---

[2] *La Pensée Sauvage*, p. 13.
[3] *Id.*, p.16.
[4] *Id.*, p.17.

e a outra – o pensamento selvagem – bastante mais próxima do concreto e da percepção sensível. É uma "ciência do concreto" que vemos manifestada no totemismo, bem como nos mitos e nos sistemas de parentesco.

Poderíamos afirmar que o pensamento selvagem "pensa com as coisas" e não com os conceitos. Para explicar este facto Lévi--Strauss faz uma comparação, que se tornou célebre, entre o pensamento mítico e a *bricolage*.

Em ambos os casos, o sujeito opera com "os resíduos de construções e de destruições anteriores" [5] e utiliza-os como instrumentos. É assim que as séries de objectos aparentados que se encontram na natureza, ou pelo menos os termos que os designam, no caso do pensamento mítico, podem ser utilizados num contexto completamente diferente para seriar seres ou realidades sociais.

O mito, por exemplo, é uma *bricolage* intelectual completa que opera com "resíduos" duma primeira linguagem: leopardo, beija-flor, gafanhoto, lagarto, etc.

É evidente que não se trata de *coisas*, nem tão pouco de conceitos, mas de algo que se encontra "a meio caminho", ou seja, claramente *signos* que, tal como Saussure os definiu, possuem uma face sensível – "imagem acústica" –, o *significante*, e uma face puramente conceptual: o *significado*.

O *sentido* advém da conjunção destes dois aspectos – o significante e o significado – no signo. O signo, como conceito, define-se igualmente por uma propriedade que é, aliás, comum a todos: está no lugar de qualquer outra coisa que não é ele; ou como dizia Peirce: "it stands for...". A ciência trabalha com o conceito e o mito com o signo. Ambos substituem outro coisa que não eles, advindo deste facto a sua operacionalidade, mas existe também uma diferença na medida em que o conceito tem uma capacidade de representação muito maior que o do signo.

---

[5] *Id.*, p. 27.

O *signo* presente nos mitemas opera sobretudo num raciocínio por analogia e segundo uma certa retórica (de imagens) determinadas pela natureza dos materiais que constituem o discurso mítico. Proveniente de um outro sistema – a linguagem natural – onde já estão incluídos, mesmo quando se trata apenas de fragmentos que se juntam e se reúnem em diferentes combinações possíveis à procura de um sentido: "O conceito aparece assim como o operador da *abertura* do conjunto com o qual se trabalha, a significação como o operador da sua *reorganização*: não o alarga nem o renova e limita-se a obter o grupo das suas transformações"[6].

Os signos, que constituem o material do *bricoleur* mítico, são, portanto, os fragmentos de uma outra linguagem com os quais, tal como os vidros partidos de um caleidoscópio, se pretendem fazer as mais variadas figuras que desfrutamos, simultaneamente, como percepção estética e como combinação lógica.

Por conseguinte, numa narrativa, tal como num caleidoscópio, utilizamos materiais secundários. Neste caso é a linguagem corrente que utilizamos para efectuar outras combinações com um outro código sintáctico e para lhe conferir um outro conteúdo semântico.

Desta forma, por exemplo, Lévi-Strauss mostra-nos em *Le cru et le cuit* como certos mitos bororó utilizam por vezes os mesmos "fragmentos" da linguagem quotidiana para dar significado a diferentes sentidos, segundo a relação de oposição em que se encontram inseridos e que lhes confere, precisamente, o seu sentido.

O termo "filho" à partida designa uma categoria classificativa do sistema de parentesco, mas em certos mitos bororó pode referir-se tanto ao céu como à terra.

É o que acontece, por exemplo num mito sobre a origem da água, das pastagens, dos ritos fúnebres e que abre com a violação de uma mulher pelo seu irmão. O marido decide vingar-se matando a mulher e enterrando-a. Mas ela deixa um órfão que não encontrando a sua mãe se transforma em pássaro para melhor a

---

[6] *Id.*, p. 30.

procurar, "não sem antes ter deixado cair os seus excrementos sobre o ombro do pai". No ombro cresce uma árvore, o que o obriga a errar na floresta, mas sempre que ele repousa surgem lagos e rios enquanto a árvore vai diminuindo.

O personagem torna-se um herói cultural que leva aos seus os enfeites e os ornamentos.

Sabe-se, aliás – através de informações etnográficas –, que os Bororós têm uma "classificação tripartida do reino vegetal" que faz corresponder as plantas aos três elementos: céu, terra, água.

Existe até um mito etiológico que fala da origem, por ordem, das lianas (planta aérea), do jatobá (terrestre) e das plantas dos pântanos (aquáticas). Trata-se, sem dúvida, de um mito cosmoló-gico que dá conta da origem da água, da terra e do céu.

Note-se que neste mito existe uma conotação celeste em rela-ção ao filho quando ele se transforma em pássaro, terrestre como a mãe que é enterrada e aquática como o pai que está na origem da água.

Mas na realidade o contexto etnográfico permite uma outra leitura na medida em que os Bororós acreditam que as almas habitam no elemento aquático; aliás é na água que eles dão sepul-tura aos seus mortos. O que não faz o herói do citado mito, que enterra a sua mulher para esconder o seu crime. Mas a alma da mãe morta pertence por direito ao elemento aquático. Por seu lado, o marido, se é verdade que ele está na origem da água (inter-mediário entre o céu e a terra como no caso da chuva) é também o solo terrestre onde cresce a árvore.

Temos, portanto, que: partindo de uma disjunção entre o céu (filho) e a terra (pai) provocada pelo assassinato da mãe que fica sem uma verdadeira sepultura (aquática), o mito diz-nos como o herói restabeleceu a união entre o céu e a terra, dando origem à água, e a forma como ele, após se ter tornado herói no além, vem restabelecer a conjunção entre os mortos e os vivos, ao trazer--lhes os ornamentos e os enfeites.

Trata-se, evidentemente, de uma certa lógica do concreto, tanto neste exemplo como em muitos outros possíveis, em que

"… os signos entram na categoria das coisas significadas" [7] e poderíamos aplicar, com toda a justeza, a este caso as palavras que Lévi-Strauss usou, noutra ocasião, para falar do caleidoscópio: "… essas disposições (no nosso exemplo as disposições entre os signos aquáticos, terrestres e celestes, ou seja, o mito), gerados pelo encontro de acontecimentos contingentes (o incesto, o assassinato da mãe, etc.) e de uma lei (neste caso a classificação tripartida do reino vegetal), projectam modelos de inteligibilidade de alguma forma provisórios…" [8] (o texto entre parênteses foi aqui acrescentado).

O que se observa frequentemente (ou mesmo permanentemente) na análise dos mitos, é que os acontecimentos podem diferir de mito para mito, enquanto que o mito em si conserva uma *armação* constante tal como as estruturas lógicas, ou seja, o *código* de organização da sua *mensagem*, podem ser elaboradas com a ajuda de diferentes léxicos: "apenas as relações, e não os elementos, são constantes" [9].

Desta forma, neste exemplo, o céu funciona por oposição à terra. Cada um é o oposto do outro e a água (da chuva) faz a mediação.

Em suma, para interpretar um mito e descobrir a lógica concreta que lhe está subjacente, é preciso, não apenas identificar cada animal, planta, etc., mas sobretudo colocar no lugar certo o sistema de significados próprio da cultura em causa. No mito citado, por exemplo, é necessário identificar o jatobá mas é sobretudo preciso compreender a sua *"função de significante"* no sistema de significados Bororó que a relacionam com as lianas (árvores celestes) e as plantas do pântano (aquáticas).

Deste modo Lévi-Strauss pode escrever o seguinte: "Os termos nunca têm uma significação intrínseca; o seu significado é de "posição", função da história e do contexto social, por um

---

[7] *Id.,* p. 49.
[8] *Id.,* p. 50.
[9] *Id.,* p. 72.

lado, e da estrutura do sistema onde são levados a figurar, por outro" [10].

Portanto, só tendo em conta este contexto múltiplo é que poderemos determinar a "posição semântica" de um qualquer elemento.

Mas tudo se complica quando sabemos que a lógica do sistema pode apelar a diferentes tipos de ligação formal e que certo tipos só são pertinentes em certos casos.

Deste modo, no nosso exemplo existe uma contiguidade entre as lianas e o céu, o jatobá e a terra, as plantas do pântano e a água, mas noutros locais encontramos outras ligações lógicas que são privilegiadas: a *semelhança* (a formiga vermelha e a cobra são parecidas devido à cor, segundo os Nuer) [11].

Isto quer dizer que, por vezes, é a metonímia e outras é a metáfora que são privilegiadas na retórica da narrativa mítica.

De qualquer forma, o que importa reter é que estas lógicas concretas do pensamento se baseiam sempre em sistemas, muitas vezes bastantes complexos, de *desvios diferenciais* cuja forma circunstancial é muito mais importante que o conteúdo, isto do ponto de vista do significado que pretendemos exprimir, quer se trate das narrativas míticas ou do pensamento concreto que se exerce sobre as taxonomias (taxonomias essas que encontramos, por outro lado, na base das narrativas, na própria lei da sua criação).

Trata-se, portanto, no caso do pensamento selvagem, de construir uma grelha a partir das oposições/desvios diferenciais como, por exemplo, aquele que na classificação bororó opõe/diferencia as plantas.

Só interessa a forma dessa grelha, pois é ela que permite a sua utilização ao nível da narrativa mítica na sua sucessão diacrónica, dividindo-a, mesmo quando isso implica a simplificação da realidade empírica que ela pressupõe. Esta simplificação é exigida pela redução a dimensões discretas, sem as quais não se poderia construir um sistema de significação.

---

[10] *Id.*, p. 74.
[11] *Id.*, 85.

Paralelamente, "... os sistemas de denominação e de classificação, normalmente chamados totémicos, vão buscar o seu valor operatório ao seu carácter formal: são códigos aptos a veicular mensagens transportáveis nos termos de outros códigos e a exprimir nos seus próprios sistemas as mensagens recebidas pelo canal de códigos diferentes" [12].

Continuando com nosso exemplo bororó, ainda não dissemos que a classificação tripartida é mais que uma taxonomia vegetal e não seria estranho que ela fosse igualmente uma classificação totémica. Em todo o caso, é precisamente assim que funciona o totemismo: as lianas corresponderiam a um clã celeste, os jatobás a um clã terrestre e as plantas dos pântanos a um clã aquático.

Tudo isto se pode reflectir também no plano da própria aldeia, tornando visível a grelha lógica de classificação, projectada no corpo social.

No pensamento de Lévi-Strauss, que inovou bastante a este nível dos estudos etnológicos, o totemismo não é uma espécie de religião mais primitiva, mas uma socio-lógica. Socio-lógica que, aliás, é geradora da narrativa mítica (no eixo diacrónico).

É precisamente a relação entre estas duas lógicas, entre as quais está (pré)suposta uma homologia, que constitui o próprio núcleo do pensamento selvagem.

Existe ainda um outro aspecto do pensamento selvagem que convém sublinhar. Voltando à classificação tripartida notamos que, apesar de ela exprimir a relação do homem com a natureza, não se impõe, no entanto, por si, ela não é universal. Noutros povos os princípios taxonómicos são bastantes diferentes: distingue-se, por exemplo, o sexo dos vegetais [13]. Esta classificação é antes "a *codificação* em termos totémicos, de uma situação natural" [14]. E sobretudo, no mito não se procura explicar a natureza e os seus fenómenos (a água, a terra, o céu e o fogo...), antes pelo con-

---

[12] *Id.,* 101.
[13] *Id.,* p. 9.
[14] *Id.,* p. 127.

trário, na realidade utilizam-se os elementos naturais (água, céu e terra) para dar conta das diferenças, que irão permitir a organização lógica de uma taxonomia dos vegetais.

Tudo isto se aplica mesmo às prescrições negativas, às proibições portanto; por exemplo a interdição de consumir os animais (ou os vegetais) totémicos (o tabu do totem).

Conhece-se a explicação dada por Freud para o tabu: tratar-se-ia de proibir aquilo que mais se deseja. A força do tabu seria directamente proporcional à intensidade do desejo que se reprime através do tabu.

Mas segundo Lévi-Strauss, a proibição, nomeadamente a alimentar, serviria sobretudo para tornar significativo aquilo que é proibido. Tal é o caso no domínio do parentesco: proíbe-se a irmã para a tornar significativa como mensagem que se troca na aliança. O mesmo se passa com o proibição de consumir o animal do clã: torna-se significativo ao ser subtraído à indiferenciação.

Isto não quer dizer, pelo contrário, que haja uma ligação entre a proibição alimentar e o totemismo. As proibições alimentares existem em povos que não têm totemismo. Lévi-Strauss [15] (PS.137) dá o exemplo dos Bosquímanos da Kalahari. Neste caso, e ao contrário do totemismo onde "se combina sempre uma equivalência lógica entre uma sociedade de espécies naturais e um universo de grupos sociais" [16], os Bosquímanos projectam o organismo da caça na sociedade como organismo. Uma parte irá para os chefes, uma outra para os adolescentes, uma outra ainda para as mulheres e crianças. Isto também quer dizer que se proíbe a cada um deles comer a parte que não lhe pertence: "A troca de mulheres e a troca de alimentos são meios de assegurar o enquadramento recíproco dos grupos sociais, onde esse enquadramento se manifesta" [17]. A função é a mesma, o procedimento é que é diferente. Ambos podem estar presentes num mesmo povo ou a função pode ser assegurada por um só procedimento.

---

[15] *Id.*, p. 137.
[16] *Id.*, *ibid.*
[17] *Id.*, p. 144.

Existe um paralelismo e uma relação complementar entre as proibições alimentares e as regras do casamento exogâmico. Encontra-se a mesmo função nos dois níveis.

Mesmo esta articulação pode tornar-se mais complexa, fazendo intervir outros níveis (nomeadamente o das castas).

Os Baganda do Uganda [18] estão divididos em diferentes clãs, cada um com o seu totem, sobre o qual pesa uma proibição de consumir, sendo que cada alimento totémico não pode ser consumido pelos "originários" de um outro totem. Mas a integração social dos diferentes grupos vai ainda mais longe visto que prescreve para cada clã um território próprio e, sobretudo, funções sociais específicas: por exemplo, os ferreiros são todos do mesmo clã.

Neste exemplo baganda os clãs totémicos aproximam-se, portanto, de uma outra instituição social por vezes tida como menos "primitiva": as castas (funcionais).

Mas existe um aspecto que, à primeira vista, tornaria o totemismo de clã incompatível com o sistema de castas: é que o primeiro caracteriza-se pela exogamia, e o segundo pela endogamia. Mas o próprio Lévi-Strauss tinha, já anteriormente, evocado uma possível continuidade entre os dois sistemas; com efeito, no final de *Les Structures Élémentaires de la Parenté*, lança a hipótese do sistema de castas poder estar ligado à passagem das estruturas elementares para as estruturas complexas do parentesco.

A sua proposta vai no sentido de se observar entre os dois sistemas, totémico e de castas, uma relação de transformação que seguiria o seguinte trajecto: no sistema totémico existem grupos ou clãs humanos que são diferentes entre eles dentro da ordem da natureza. Existe, portanto, uma homologia entre estas diferenças: o clã *paiwé* é diferente do clã *bokodori* como o totem tartaruga é diferente do totem tatu.

Entre a natureza e a cultura existe, por conseguinte, uma homologia, que neste caso é puramente formal. Por outro lado os clãs,

---

[18] *Id.*, p. 149 sqq.

sendo diferentes, são, pela mesma razão, uma parte da totalidade social e, como tal, mantêm relações (dialécticas) de reciprocidade e de complementaridade, tornadas possíveis pela própria diferença.

Este é o caso do totemismo exogâmico.

O caso do sistema de castas é uma transformação do anterior. Em vez de pressupor uma homologia entre as diferenças, pressupõe uma homologia entre o grupo dos clãs e a sua imagem clânica, o totem:

Este é um estado intermédio entre o totemismo e o sistema de castas, que aliás é estudado num certo número de exemplos. Lévi--Strauss cita [19] o caso dos indivíduos Chipewa, por exemplo, onde as pessoas do clã do urso são tidos como coléricos e combativos (logo, supomos, igualmente bons guerreiros), enquanto que os do clã do grou, supostamente donos de uma "voz estridente", são os oradores da tribo. Conseguimos já constatar um esboço da especialização funcional.

Em todo o caso este sistema terá tendência a retalhar a totalidade (dialéctica) na medida em que cada grupo, identificado na sua caracterização cultural como natural e hereditário, tem tendência para se fechar sobre si próprio, a tornar-se de alguma forma endogâmico, quebrando os elos de reciprocidade – complementaridade que fazem a coerência da totalidade totémica:

O totemismo e as castas são dois sistemas que permitem conceber a diversidade e de a organizar: um toma como modelo a diversidade concreta das espécies na natureza, o outro toma como modelo a diversidade cultural das posições sociais. Mais uma vez constatamos a transformação de um sistema no outro.

As castas são diferentes do ponto de vista profissional e é nesse ponto que são complementares e exercem a reciprocidade: quando trocam funções culturais/sociais. Elas podem, por conseguinte, ser endogâmicas visto que a reciprocidade foi assegurada de outra forma, contribuindo assim para a coerência da totalidade. Portanto, elas são homogéneas do ponto de vista estrutural.

---

[19] *Id.*, p. 153.

Por seu lado, os grupos totémicos são homogéneos do ponto de vista funcional: todos produzem mulheres para trocar, mas têm que ser diferentes estruturalmente para que as mulheres sejam também diferentes e possam, desta forma, assegurar a reciprocidade, alcançando assim a totalidade dialéctica.

Pode-se, portanto, afirmar, que é preciso "reconhecer, no sistema das espécies naturais e também no dos objectos manufacturados, dois conjuntos mediadores de que o homem se serve para ultrapassar a oposição entre a natureza e a cultura, a fim de as poder conceber na sua totalidade" [20].

O essencial do pensamento selvagem reside, portanto, em "...esquemas classificativos que permitem compreender o universo natural e social sob a forma de uma totalidade organizada" [21].

Os diferentes esquemas (espécies naturais, abstractas, classes nominais) são em princípio análogas do ponto de vista formal e fundem-se em oposições natureza/cultura, geral/específico.

O erro dos antropólogos, que durante muito tempo falaram do totemismo como uma instituição em si, foi, segundo Lévi--Strauss, terem tomado um simples registo classificativo (o das espécies naturais) por uma instituição, quando não passa de um registo entre outros e, até, permutável. Por outras palavras, o totemismo – longe de ser uma "religião" – seria uma sistema de classificação que utiliza a diversidade da natureza para organizar a totalidade social e *conceber concretamente* esta totalidade.

É precisamente o que acontece na narrativa mítica, que se desenrola na diacronia, visto que de uma narrativa se trata, mas da qual podemos descobrir, através da análise estrutural, a verdadeira razão impulsionadora, ou seja, um esquema de oposições/ /desvios diferenciais entre entidades discretas que se combinam segundo uma lei. É precisamente o que acontecia no mito bororó, como vimos, em que a narrativa escondia (sob uma aparência diacrónica) uma classificação tripartida que relacionava a natureza e a cultura através da acção do herói cultural.

---

[20] *Id.*, p. 169.
[21] *Id.*, p. 168.

A razão pela qual os mitos utilizam tantas vezes toxonomias animais ou vegetais em vez de outras é porque: "a diversidade das espécies oferece ao homem a imagem mais intuitiva que ele dispõe e constitui a manifestação mais directa que conseguem conceber, da descontinuidade derradeira do real: é a expressão sensível duma codificação objectiva" [22].

Os Hanunóo fornecem-nos um bom exemplo apresentando a seguinte taxonomia [23]:

Entidade (qualquer coisa que possa ter um nome);

Coisa (nem pessoa nem animal);
Planta (não é pedra, etc.);
Planta Herbácea (planta não lenhosa, etc.).

É ao nível das *espécies* que se encontra o princípio de classificação mais frequente. Mas trata-se, de certa maneira, de um nível médio, que pode ser alargado "para cima": por exemplo, os *elementos* (terra, fogo, água...), as *categorias* (natureza, cultura; alto, baixo; húmido, seco; cru, cozido); ou que se pode inverter "para baixo": por exemplo os *nomes próprios*.

Um mesmo sistema de classificação inscreve-se, por conseguinte, em dois eixos: um vertical (do indivíduo às categorias) e um eixo horizontal para cada nível.

Existem sistemas que são homogéneos: que só empregam, por exemplo, espécies animais ou vegetais; ou ainda categorias: alto, baixo. Mas existem outros que são heterogéneas e empregam, indiferentemente, os vários níveis. Os bororó, por exemplo, na única metade *Cera*, têm clãs que utilizam, como forma de classificação, espécies animais: Tatu canastra (bokodori); mas outros utilizam categorias: badegeba cebegiwu (construtores da aldeia superiores [em cima]) e badegeba cobugiwu (construtores da aldeia inferiores [em baixo]) [24].

---

[22] *Id.,* p. 181.
[23] *Id.,* p. 184.
[24] *Id.,* p. 362.

O totemismo não é, por conseguinte, uma instituição, é um sistema de classificação da diversidade social e humana que utiliza os desvios diferenciais das espécies zoológicas e/ou botânicas (logo é um sistema entre outros, nomeadamente as castas).

É esta a tese central de Lévi-Strauss, que aliás, já tinha sido apresentada em *Le Totémisme Aujourd'hui*.

A única coisa que eventualmente pode distinguir o totemismo como um sistema de classificação é a utilização privilegiada da noção de *espécie* (frequentemente animal ou vegetal) como operador lógico.

Isto não exclui, como já se assinalou, a possibilidade do sistema se alargar "para cima" através da universalização ou de se retrair "para baixo" quando se particulariza (individualização): "...no plano lógico, o operador específico efectua a passagem, por um lado, em direcção ao concreto e individual e por outro, ao abstracto e aos sistemas de categorias, ao mesmo tempo que, no plano sociológico, as classificações totémicas permitem simultaneamente definir o estatuto das pessoas no seio do grupo e de alargar o grupo para além do seu quadro tradicional" [25].

Mas do outro lado, ou seja, do lado da particularização, os níveis da classificação podem-se estreitar, produzindo grelhas mais apertadas de forma a chegar à classificação do indivíduo. Nesse ponto já se põe a questão do nome, e veremos como a denominação é, também ela, um sistema de classificação que, mais uma vez, opera por desvios diferenciais e oposições.

Esta particularização chega, por vezes, a projectar a totalidade social sobre o indivíduo, como por exemplo naquela tribo australiana [26] que designa as suas cinco categorias de relação de parentesco através de termos que designam partes do corpo humano: o corpo social é projectado sobre o corpo individual. Mas esta destotalização anatómica, que confere a cada classe de parentesco o

---

[25] *Id.,* p. 220.
[26] *Id.,* p. 223.

nome duma parte do corpo, leva a uma re-totalização orgânica na medida em que o corpo social é visto como uma totalização integrada, um organismo.

Por outro lado, a designação de um indivíduo membro de uma classe, confere-lhe uma posição na diversidade individual registada no interior dessa classe.

É desta forma que um indivíduo classificado no clã das tartarugas, terá ainda um nome que marca a sua posição entre os membros do clã.

É um pouco como se, nas nossas sociedades, alguém fosse primeiro classificado como pertencente ao clã patriarcal, através do *apelido* do pai e em seguida fosse distinguido, através do *nome próprio*, dos outros irmãos.

Os nomes próprios podem também servir para classificar a ordem de nascimento: "...os indivíduos não são apenas ordenados dentro do clã; o facto de pertencerem à mesma classe não os exclui, mas implica que cada um nele ocupe uma posição distinta..."[27]. Nas sociedades "totémicas" o nome próprio é simultaneamente nome e apelido. Ele desempenha frequentemente estes dois papéis: distinguir os indivíduos entre si e classificá-los como membros de um clã.

É desta forma que entre os Osage[28] os membros do clã do urso negro são chamados: "olhos cintilantes (do urso)", "trilhos na pradaria", "terreno calcado". Do mesmo modo as mulheres Wik Munkan[29] do clã caranguejo são chamadas: "O-caranguejo-com-
-olhos", "A-maré-leva-o-caranguejo", "O-caranguejo-esconde-
-se-num-buraco".

Por conseguinte, podemos saber a que clã pertence um indivíduo quando conhecemos o seu nome próprio. Isto que dizer que podemos elevar o indivíduo às categorias mais englobantes a que pertence. Trata-se, portanto, de um mesmo sistema global

---

[27] *Id.,* p. 226.
[28] *Id.,* p. 229.
[29] *Id.,* p. 230.

de significação que pode ser percorrido em dois sentidos (ou seja, "descer" ou "subir" do geral para o particular e vice-versa, des-totalizando e re-totalizando).

Mas as coisas nem sempre são tão simples e tão claras. Por vezes a des-totalização da espécie fornece um aspecto ou uma atitude de animal totémico que será utilizado no nome, mas de uma forma suficientemente imprecisa para que não opere uma re-totalização evidente (de indivíduo a espécie). Deste modo, o nome Hopi "Lamahongiana" [30] que se traduz "Levanta-te" ou "Eleva-te graciosamente" pode estar a referir-se tanto ao "caule de roseira" como às "asas recolhidas da borboleta" [31].

Mas a própria indefinição quanto à espécie (neste caso: roseira ou borboleta?) manifestada nos nomes é precisamente um momento da operação des-totalização/re-totalização, visto que aquilo que se nos apresenta como nome neste exemplo, são partes ou atitudes que poderemos supor des-totalizadas, de uma espécie, mesmo se não sabemos exactamente qual é.

Lévi-Strauss poderá então concluir que "...a dinâmica dos nomes individuais provem de esquemas de classificação... ela consiste em acções do mesmo tipo e paralelamente orientadas" [32].

Com efeito, e para concluir, poderemos afirmar que os nomes que designam os indivíduos são como categorias nas quais fazemos "entrar os indivíduos".

Mas interpretemos esta afirmação de uma forma mais precisa. Muitas vezes constatámos uma certa desvalorização do nome pessoal nas culturas "selvagens" (é o caso, entre uma infinidade de outros exemplo, dos Guayaki do Paraguai, como assinala P. Clastres [33]) ao ponto de, frequentemente, não se pronunciar, ou então ser mantido secreto, de qualquer forma, não é empregue. Isto é explicado pelo facto de um indivíduo, neste tipo de sociedades,

---

[30] *Id.*, p. 233.
[31] *Id., ibid.*
[32] *Id., ibid.*
[33] Pierre Clastres, *Chronique des Indiens Guayaki,* Paris, Plon, 1972.

pertencer sempre a uma classe da qual recebe o nome, quer seja um tecnónimo, um necrónimo, um patrónimo de clã, etc. No fundo, o nome próprio individual só é utilizado quando o indivíduo não está classificado, situação que ele ocupa temporariamente, enquanto espera a entrada numa classe. Tal é o caso dos jovens que esperam "um lugar" no sistema social. As crianças têm um nome próprio que será rapidamente substituído: "Ou os nomes próprios são à partida operadores de classe, ou então providenciam uma solução provisória até à hora da classificação; representam, por conseguinte, a classe num nível mais modesto" [34].

Os nomes próprios (individuais) e os nomes comuns (espécie) têm, portanto, a mesma natureza (mesmo grupo). A diferença entre eles reside apenas na natureza do sistema em que estão inseridos, que pode exigir, a certos níveis de classificação, em função da forma como a respectiva cultura perspectiva o real, nomes próprios ou nomes comuns [35].

É, portanto, necessário "...sublinhar, sem arriscar um mal-entendido, o carácter simultaneamente sociológico e relativo que está ligado tanto à noção de espécie como à de indivíduo" [36].

Lévi-Strauss assinala mesmo a existência, em meio tropical, de certas espécies que têm quase a tendência a se restringir a um único indivíduo e chega a escrever o seguinte: "Tudo se passa como se, na nossa civilização, cada indivíduo tivesse a sua própria personalidade por totem: ele é o significante do seu ser significado" [37].

Segundo Peirce, que via no nome próprio um "índice" da coisa (do indivíduo) ou Russel que nele via um pronome demonstrativo (tal com Peirce, aliás): *dar um nome* enquanto "acto de significar" não seria mais que o prolongamento do acto de mostrar.

---

[34] *Id.*, p. 261.
[35] *Id.*, p. 283.
[36] *Id.*, p. 284.
[37] *Id.*, p. 285.

Contrariamente a esta perspectiva, o que se deduz da análise feita por Lévi-Strauss do pensamento selvagem é que existe uma descontinuidade entre significar (através do nome próprio) e mostrar (a coisa). O significado do nome é derivado não do prolongamento do acto de mostrar, mas da sua inserção no sistema de classificação por desvios diferenciais, ou seja, onde a alteridade desempenha um papel: "... toda e qualquer classificação age por pares de contrastes: nós deixamos de classificar no momento em que já não é possível a oposição" [38].

As ciências classificam as espécies com a ajuda de nomes genéricos que são tidos como nomes próprios. O pensamento selvagem vai um pouco mais longe e opera através do nome próprio, dele se servindo para classificar o indivíduo, conferindo-lhe um lugar, ou mesmo para designar a posição do indivíduo no sistema.

O pensamento selvagem não é "primitivo" na medida em que, na história, precede o pensamento doméstico, é simplesmente uma outra forma de operar da parte do espírito humano e que subsiste ainda em grandes domínios das nossas culturas.

Mas falta, justamente, examinar uma última questão, que não é das menos importantes para o que se tem estado a tratar: a relação do pensamento selvagem com a história, tal como Lévi--Strauss a concebe.

Com efeito, sendo o totemismo um "sistema hereditário de classificação", ele não é apenas *concebido* ou pensado como os mitos; ele é sobretudo *vivido* por pessoas, grupos, inevitavelmente submetidos a alterações, nomeadamente demográficas.

O que significa que a estrutura destes sistemas de classificação está constantemente ameaçada pelas alterações ao nível demográfico de uma sociedade, visto que é nesse aspecto que esta estrutura encontra o seu apoio concreto. "Existe, por conseguinte, uma certa antipatia entre a história e os sistemas de classificação" [39].

---

[38] *Id.*, p. 287.
[39] *Id.*, p. 307.

No totemismo encontramos, sem dúvida, uma referência ao tempo: pelo menos ao tempo mítico, em que a série original de totens (zoomórficos e vegetais...) deu origem à série actual de humanos. Mas trata-se, precisamente, de um tempo mítico e não de um tempo histórico, que está sempre presente para servir de referência às classificações.

Com a história – é o que acontece precisamente nas sociedades históricas – o paralelismo entre as duas séries não é sustentável, o apoio demográfico, por exemplo, excede os quadros de classificação operados na série totémica.

Neste caso "em vez de uma dada homologia permanente entre as duas séries, sendo cada por si acabada e descontínua, postula-se uma evolução contínua no seio de uma única série, que acolhe termos em número ilimitado"[40].

É a partir desta proliferação que se projectam as sociedades totémicas, chamadas "frias" segundo os termos de Lévi-Strauss, procurando manter o equilíbrio através do imobilismo repetitivo como salvaguarda da homogeneidade do corpo social, evitando o desenvolvimento de desvios entre classes sociais diferentes, como acontece nas sociedades "quentes". É mais ou menos o que diz o marxismo: "a luta de classes é o motor da história".

Existe, sem dúvida, uma noção de temporalidade, a diferença entre um antes e um depois. Mas como já referimos trata-se de uma temporalidade mítica, que se refere à origem (o antes) e concebe o presente (o depois) como um reflexo (mítico), uma repetição que procuramos, aliás, tornar o mais fiel possível.

Portanto, o passado está perto do presente visto que um é a repetição do outro, e a repetição dos mesmos acontecimentos, por acontecerem, tornam esses acontecimentos homogéneos, "desindividualizando-os", se nos é permitido dizer.

Mas por outro lado, o passado afasta-se do presente porque os agentes são de natureza bastante diferente, um divino (o antepassado), outro pura e simplesmente humano.

---

[40] *Id.,* p. 308.

110 : ANTROPOLOGIA E FILOSOFIA

É sobretudo através do rito que o pensamento selvagem "faz a ligação" entre o registo do afastamento entre o passado e o presente e o da sua proximidade.

É desta forma que nos mitos comemorativos ou históricos, se encena, ou representa, o passado no presente (com efeito, actualiza-se o passado), nos ritos de luto, por seu lado, é o presente do que acaba de morrer que se representa no passado dos antepassados.

O espaço vivido pelo selvagem traz sempre as marcas de um passado acabado, sem dúvida, mas bem presente através dos seus próprios signos e que, por exemplo, os mitos totémicos relembram e os mitos comemorativos repetem: "Se tivermos em atenção que estes acontecimentos e estes ritos são os mesmos que fornecem a matéria dos sistemas simbólicos (...), devíamos reconhecer que os povos ditos primitivos souberam elaborar métodos razoáveis para inserir, sob o seu duplo aspecto de contingência lógica e turbulência afectiva, a irracionalidade na racionalidade. Os sistemas de classificação permitem, por conseguinte, integrar a história, mesmo, e sobretudo, aquela que poderíamos considerar rebelde ao sistema" [41].

---

[41] *Id.*, p. 323.

6. A NATUREZA E A HISTÓRIA

TRATA-SE AQUI DE ENTENDER as posições de Lévi-Strauss referentes a um certo número de questões centrais do seu pensamento e que são, simultaneamente, aquelas onde mais se manifesta o que o autor tem de filosófico na sua teorização, contrariando as denegações anti-filosóficas frequentemente por si afirmadas.

A interrogação será sobre as relações que Lévi-Strauss mantém com a História, sob um duplo ponto de vista: metodológico, em primeiro lugar – que já referimos anteriormente –, visto que se trata da relação entre a etnologia e a História como práticas teóricas que têm por objecto as sociedades *outras* (no tempo para a História, no espaço para a etnologia).

Em seguida, interrogaremos o que Lévi-Strauss pensa da história como processo social, por outras palavras, o que poderíamos chamar a sua filosofia da História.

Mas antes mesmo da noção de História deixar de ser socialmente operacional, existe uma primeira ruptura que é a da passagem da Natureza à Cultura.

Mas esta passagem, que Lévi-Strauss centra em volta da proibição do incesto e da prescrição exogâmica que lhe é correlativa, será para ele mais uma constatação que o levará a afirmar, com mais veemência ainda, as suas concepções reducionistas da realidade humana à realidade natural. Ao ponto de fazer, como veremos, uma profissão de fé filosófica no sentido daquilo que ele próprio chama "materialismo vulgar".

No entanto talvez existam algumas contradições que poderemos descortinar ao longo das posições defendidas. Em primeiro lugar, a sua rejeição da filosofia, que nos pareceu tão radical, acaba por não se mostrar tão absoluta como estávamos em crer, nomeadamente quando se reconhece no kantismo ou no "materialismo vulgar". Por outro lado, o seu cientismo, pretensamente total, é difícil de manter quando desencadeia, a partir de análises estruturais, certos finalismos, como certas emergências de significado que ultrapassam o simples nível da análise das estruturas.

São estas as questões que teremos agora de analisar em pormenor.

É conhecida a maneira como Lévi-Strauss distingue a metodologia do etnólogo da do historiador.

Apesar de ambos se ocuparem das sociedades *outras*, no caso do historiador essa alteridade situa-se no eixo da temporalidade, enquanto para o etnólogo se situa no eixo espacial.

Por outro lado, enquanto o historiador se ocupa das expressões conscientes de uma cultura, o etnólogo investiga as condições inconscientes.

O que na realidade interessa ao etnólogo não é a origem mas o funcionamento de algo.

Esta posição metodológica é, sem dúvida, determinada pela especificidade do objecto de estudo próprio ao etnólogo, ou seja, as sociedades ditas "primitivas" ou "sem história" onde a repetição é mais evidente que o progresso.

Mas é também a partir deste facto que Lévi-Strauss é levado a reflectir sobre a História dum outro ponto de vista, que não é estritamente filosófico.

Encontramos traços marcantes desta filosofia da história em textos como *Race et Histoire* (1952) ou *Entretiens avec Lévi-Strauss* (1959).

Neste último texto retoma as ideias fundamentais do primeiro e acrescenta uma fórmula e desenvolvimentos que nos parecem capitais para compreender a filosofia da história lévi-straussiana.

A ideia central pode ser formulada da seguinte maneira: se todas as sociedades (mesmo as mais arcaicas) têm um passado, nem todas têm uma História. Por outras palavras, a História é uma categoria através da qual certas sociedades se pensam a si próprias. Esta categoria não existe em todas as sociedades e está associada a outros fenómenos de ordem social e cultural: a diferenciação social e a escrita.

Num já referido capítulo de *Tristes Tropiques* ("Uma lição de Escrita") Lévi-Strauss já havia mostrado como a escrita está intimamente ligada ao advento de fenómenos de poder e de diferenciação no interior de um grupo social.

Mas a escrita tem também uma outra função: ela permite fixar a acumulação de saber. Ora, esta "totalização do saber" operado pela escrita é uma peça essencial ao mecanismo do progresso.

A escrita tem, por conseguinte, duas funções sociais: por um lado permite construir uma espécie de memória colectiva das experiências passadas, o que permitirá passar de um processo social repetitivo para um processo social progressivo.

Por outro, como instrumento de controlo social e político, é contemporânea do surgimento das sociedades que já não são homogéneas mas diferenciadas no seu interior.

A partir desse momento passam, então, a existir dois tipos de sociedade: as que persistem na sua homogeneidade e as que progridem através da tensão entre pólos heterogéneos que se formam no seu interior. Apenas essas possuem aquilo que poderemos chamar uma "consciência histórica". Por outras palavras, a ideia de História é co-extensiva a sociedades de diferenciação interna.

É deste modo que Lévi-Strauss fala de sociedades "frias" e de sociedades "quentes".

As primeiras funcionam como um relógio, máquina mecânica cujo movimento é repetitivo e pode, teoricamente, continuar indefinidamente.

Por seu lado, as sociedades históricas funcionam como máquinas termodinâmicas (segundo o exemplo da máquina a vapor): "...do ponto de vista da sua estrutura, assemelham-se a máquinas a vapor, que utilizam no seu funcionamento uma diferença de potencial, a qual se encontra representada por diferentes formas de hierarquia social, quer se chame escravatura, servidão ou quer se trate de uma divisão de classes..." [1].

Portanto, as sociedades primitivas têm uma "temperatura histórica" mais homogénea, enquanto as sociedades "históricas" possuem no seu seio grandes diferenças de "temperatura", o que faz com que "funcionem" e, logo, progridam historicamente.

Por outro lado, também se diferenciam pelo seu distinto modo de funcionamento, consoante as vemos na sua dimensão social ou cultural.

Socialmente as civilizações arcaicas produzem uma ordem cultural restrita, mas são muito produtivas ao nível da ordem social que é bastante homogénea.

Pelo contrário, nas nossas sociedades, a cultura é extremamente produtiva de ordem, sendo a desordem social bastante mais elevada, devendo-se isso, precisamente, aos desvios diferenciais que a fazem progredir.

Lévi-Strauss não estaria, por conseguinte, longe de subscrever o postulado marxista segundo o qual "a luta de classes é o motor da história".

A confirmação desta teoria está no facto de que cada vez que um sistema histórico se aproxima de um menor grau de diferenciação social, arrefecendo deste modo a "temperatura" histórica, relança o seu movimento, criando novamente diferenças sociais. Assim sucedeu com a servidão, o proletariado e, finalmente, com o colonialismo.

Por seu lado, as sociedades ditas primitivas, no seu movimento repetitivo, recusam qualquer tipo de progressão, de acumulação de novidades e, logo, de qualquer memória escrita. Isto acontece

---

[1] *Entretiens...*, p. 38.

porque, praticamente, também recusam qualquer diferenciação social no seu seio. Tudo o que desejam é "persistir no seu ser" obedecendo assim o mais possível, à lei da inércia.

É assim que para as sociedades arcaicas, a história não existe como categoria mental: "para eles, a história está esvaziada de sentido, uma vez que na medida em que se algo nem sempre existiu, esse algo, na sua perspectiva, é ilegítimo, enquanto para nós se passa o contrário" [2].

Com efeito, o anti-historicismo de Lévi-Strauss pode ser explicado parcialmente pela natureza a-histórica das sociedades repetitivas, que estuda como etnólogo, mas existem também outros fundamentos filosóficos mais profundos naquilo que iremos chamar o seu naturalismo reducionista.

Lévi-Strauss retoma a questão da história quando critica Sartre de forma mais directa no último capítulo de *La Pensée Sauvage*.

Relembrando a antiga distinção [3] entre os métodos do historiador e do etnólogo, segundo a qual o primeiro se ocupa da alteridade temporal e o segundo da alteridade espacial, insurge-se contra a sobre-valorização da temporalidade no domínio das ciências humanas e a correlativa depreciação da espacialidade, ou seja, da dimensão sincrónica como princípio explicativo.

O autor encontra uma razão para esta preferência: "a diversidade de formas sociais, que o etnólogo observa dispostas no espaço, apresenta o aspecto de um sistema descontínuo; ora, pensa-se que graças à dimensão temporal, a história nos restitui, não estados separados, mas a passagem de um estado ao outro de uma forma contínua" [4].

Neste sentido, a continuidade histórica apenas serve para confirmar a nossa própria sensação de continuidade e de identidade pessoal centrada na consciência reflexiva.

---

[2] *Entretiens...*, p. 62.
[3] *Anthropologie Structurale*, p. 23
[4] *La Pensée Sauvage*, p. 339.

Em primeiro lugar poderíamos começar por questionar esta "continuidade totalizadora do eu" (ele vê nisso apenas uma "ilusão mantida pelas exigências da vida social (...) em vez do objecto de uma experiência apodíctica" [5] mas basta – na sua perspectiva – analisar a própria noção de "facto histórico" para desencadear desde logo uma contradição.

Neste ponto a argumentação de Lévi-Strauss passa por uma afirmação de reducionismo a todo o custo que pode parecer um pouco forçada; com efeito, ele pretende que um facto histórico seja sempre redutível a "uma multiplicidade de movimentos físicos individuais" eles próprios redutíveis a fenómenos biológicos e, finalmente, físico-químicos [6].

O facto histórico é, por conseguinte, constituído pelo historiador, sem que seja, à partida, um dado de facto. Aliás, o mesmo se passa para aquele que o viveu.

Isto também quer dizer que uma "história total" seria impensável, uma vez que só pode ser abordada de diferentes ângulos. O facto histórico não é mais que o resultado de um processo de abstracção que implica uma escolha entre diferentes aspectos da hipotética totalidade, uma "selecção".

Voltamos a encontrar a parábola de Borges: um mapa do império não pode cobrir todo o império; anular-se-ia como mapa: "uma história verdadeiramente total neutralizar-se-ia a si própria: o seu produto seria igual a zero" [7].

Portanto a história só existe a partir de um *código,* ou seja, de um certo processo de selecção, aliás como todo o conhecimento.

No caso da história esse código é a *cronologia.* Evidentemente que a cronologia não é toda a história, mas ela é a condição necessária, sem a qual não haveria antes nem depois e, logo, nem continuidade nem descontinuidade.

---

[5] *Id.,* p. 340.
[6] *Id.,* p. 340.
[7] *Id.,* p. 341.

Só que é também necessário sublinhar que nem todas as datas se equivalem e nem todas são do mesmo tipo; distribuem-se em classes de datas: "essas classes de datas definem-se pelo carácter significante que a data possui, no seio da sua classe, em relação às outras datas que dela fazem igualmente parte e, na ausência deste carácter significante, em relação a datas que provêem de uma classe diferente"[8].

Sendo assim, 1914 tem um significado em relação a 1918 ou mesmo 1939-1945, mas perde-o, ou pelo menos ganha um outro completamente diferente, em relação ao século XIII ou ao 1.º milénio a.C.

Por isso temos uma classe de milénios, uma classe de séculos, de anos, de meses, de dias... e nenhuma destas classes é comparável às outras: existe uma descontinuidade entre elas: "a história é um conjunto formado por domínios da história, definindo-se cada um por uma frequência própria e por uma codificação diferencial de antes e depois"[9].

Para além disso, segundo Lévi-Strauss, não podemos conceber esses diferentes factos dento de um enquadramento progressivo dirigido para uma totalização sintética.

Sendo assim a biografia (domínio privilegiado por Sartre) é, como domínio da história, o nível onde o poder explicativo é mais fraco. O próprio Sartre sublinha a necessidade de se integrar noutros níveis mais englobantes, a fim de se poder compreender. Mas, por outro lado, é o nível onde a informação é mais completa.

Lévi-Strauss chega assim à conclusão que: "...de acordo com o nível em que se coloca o historiador, perde-se em informação aquilo que se ganha em compreensão e vice-versa... a escolha relativa do historiador é sempre entre uma história que sabe mais e explica menos e uma história que explica mais e sabe menos"[10].

---

[8] *Id.*, p. 343

[9] *Id.*, p. 344.

[10] *Id.*, pp. 346-7

É desta forma que, através dos "dois extremos" da história, o historiador é confrontado com regiões limite, que se encontram fora do seu campo: A história volta a ser redutível a mais dois níveis: ao deslocar-se no sentido de mais informação, encontra-se perante o individual que é redutível ao psicológico e ao fisiológico, enquanto se procurar mais explicação chega a um outro extremo da história, a pré-história onde encontra o ser humano recolocado na evolução natural e, logo, redutível ao biológico [11].

É assim que Lévi-Strauss, sempre fiel ao seu reducionismo, reafirma em várias ocasiões o seu naturalismo, que aliás precisa ser interpretado tanto do ponto de vista ontológico – a acepção do "materialismo vulgar" – como do ponto de vista epistemológico, a recusa da dualidade do compreender *(verstehen)* e do explicar *(erklären)*.

Com efeito ele vê a antropologia como uma "ciência da natureza" visto que o seu objecto, o Homem, é um ser da Natureza: "as verdades adquiridas através do homem pertencem ao "mundo" [12], escreve o autor, para acrescentar: "visto que o espírito também é uma coisa, o seu funcionamento instrui-nos sobre a natureza das coisas: mesmo a reflexão pura resume-se a uma interiorização do cosmos. De uma forma simbólica, ilustra a estrutura que a rodeia" [13].

Ora este naturalismo reducionista não é mais que o último estádio de um processo que, enquanto etnólogo, o leva a reduzir as diversidades culturais do homem à universalidade do espírito humano: "através da diversidade empírica das sociedades humanas, a análise etnográfica visa atingir as invariáveis..." [14].

São precisamente estas invariáveis que procura quando estuda os sistemas de parentesco ou o mito, cuja análise lhe permite atingir as categorias últimas do espírito.

---

[11] *Id.*, p. 347.
[12] *Id.*, p. 328
[13] *Id., ibid.*
[14] *Id.*, p. 326.

É neste ponto que o seu projecto se define, em termos filosóficos, como um "kantismo sem sujeito transcendental", segundo P. Ricoeur [15], mas que Lévi-Strauss torna seu: "Trata-se, em suma, duma transposição da investigação kantiana para o domínio etnológico... pela procura do que poderá existir em comum entre a humanidade que nos parece mais afastada, e a forma como o nosso próprio espírito trabalha; tentando, portanto, isolar propriedades fundamentais e condicionantes para todo o espírito, seja ele qual for" [16].

O facto de se admitir que se trata de um "kantismo sem sujeito" deve-se, curiosamente, à ambição de tudo observar objectivamente, a partir de um local não subjectivamente situado; o único que, na sua concepção, pode aceder à objectividade.

Aliás é esta a posição que Sartre defende como sendo a posição do esteta [17], que vê os homens como formigas e que, pelo contrário, Lévi-Strauss assume claramente como "a posição de todo o homem de ciência" [18].

É esta preocupação de cientificidade que impõe a redução objectivante e que é, no fundo, segundo Lévi-Strauss, o sentido da expressão "Kantismo sem sujeito transcendental": "...em vez de marcar uma aparente lacuna, vemos na restrição a consequência inevitável, no plano filosófico, da escolha que fizemos duma perspectiva etnográfica, visto que, estando nós à procura das condições pelas quais os sistemas de verdade se tornam mutuamente convertíveis e, por conseguinte, simultaneamente aceitáveis para vários sujeitos, o conjunto dessas condições adquire o carácter de objecto dotado de uma realidade própria e independente de qualquer sujeito" [19].

Existe, portanto, um "pensamento objectivado" do qual a antropologia se ocupa e que Lévi-Strauss procura em dois domínios privilegiados, a saber, os sistemas de parentesco e a mitologia.

---

[15] In *Le conflit des interprétations,* Paris, Seuil, 1969, p. 55.
[16] *In* "Réponses à quelques questions", *Esprit,* Nov., 1963.
[17] J.-P. Sartre, *Critique de la Raison Dialectique,* p. 183.
[18] *La Pensée Sauvage,* p. 326.
[19] *Id.,* p. 19.

Mas é ainda no discurso mítico, domínio aparentemente privilegiado da liberdade criadora, que se tornam mais evidentes as condicionantes do espírito, uma vez que este discurso obedece a leis, mesmo se não são manifestas.

Apesar do modelo de linguagem também estar presente na análise do parentesco, o discurso mítico é um facto de linguagem em si e nele podemos distinguir claramente as categorias saussurianas da "língua" e da "palavra".

As estruturas da "língua" mítica, patenteáveis pela análise estrutural, são objectivas no sentido de serem inconscientes, como vimos anteriormente nos capítulos sobre o "método estrutural" e o "inconsciente estrutural".

Contrariamente à totalização reflexiva de Sartre, Lévi-Strauss vê precisamente na "língua" o exemplo acabado de uma "totalização não reflexiva" que escapa totalmente ao sujeito.

Não é o homem que pensa nos mitos, mas os mitos que se pensam e ao pensarem-se, pensam o homem.

Existe, no entanto uma distinção a fazer a este nível da teoria lévi-straussiana, distinção que talvez não esteja suficientemente acentuada nos textos do nosso autor. Estamos a pensar nos dois momentos distintos da diligência analítica; ou seja, a descrição objectiva da *estrutura* como um "pacote de relações", num primeiro estádio e, num segundo, a interpretação do *significado* dessa estrutura.

Mas voltemos aos mitos e peguemos no primeiro texto em que o autor se ocupa deste assunto: "A estrutura dos mitos" [20].

Nele Lévi-Strauss descreve em primeiro lugar, a título de exemplo, a estrutura do mito de Édipo. Para tal, identifica os diferentes mitemas, ou seja "as grandes unidades constitutivas", por exemplo o conjunto de nomes próprios (Labdaco, Laio, Édipo) que têm em comum o facto de indicarem uma incapacidade de caminhar a direito; ou ainda o conjunto dos monstros ctónicos: o dragão e a esfinge.

---

[20] *Anthropologie Structurale*, cap. XI.

Depois de ter afirmado que cada "grande unidade constitutiva tem a natureza de uma *relação*" [21] (a relação de semelhança entre os diferentes nomes próprios ou entre os monstro que são mortos) acrescenta: "...as verdadeiras unidades constitutivas do mito não são relações isoladas, mas *pacotes de relações*" [22].

Os dois conjuntos de relações (nomes, monstros) formam um desses "pacotes de relações" visto que estão relacionados pela sua comum relação com a terra: os monstros são ctónicos, os nomes exprimem a origem ctónica das personagens.

Isto não deixa, aliás, de ser verdade mesmo quando quem conta o mito disso não tenha uma consciência clara e distinta.

Ora, continua Lévi-Strauss: "...é apenas sob a forma de combinações entre tais pacotes que as unidades constitutivas adquirirem uma função significante" [23]. E qual é essa "função significante"? Ela é a expressão duma contradição entre duas crenças: por um lado a afirmação da "autoctonia do homem" (os nomes ctónicos), por outro a sua negação (os monstros ctónicos mortos pelo homem).

Para chegar mais longe na interpretação do mito é necessário mostrar as relações entre este conjunto de relações e outros "pacotes" como os que são formados pelas unidades constitutivas presentes na narrativa, ou seja, as "relações de parentesco sobrestimadas" (Édipo e Jocasta; Antígona e Polinice) e as "relações de parentesco subestimadas" (Édipo e Laio, Polinice e Etéocles).

Finalmente, Lévi-Strauss interpreta o significado do mito de Édipo nos seguintes termos: "Ele exprimiria a impossibilidade numa sociedade que crê na autoctonia do homem... de passar desta teoria, ao reconhecimento do facto que cada um de nós na realidade nasceu da união entre um homem e uma mulher" [24].

---

[21] *Id.*, p. 233.
[22] *Id.*, p. 234.
[23] *Id., ibid.*
[24] *Id.*, p. 239.

Existem portanto dois momentos na investigação lévi-straussiana, o da identificação da estrutura e o da interpretação do seu significado.

Mas de uma forma geral este significado não se encontra nos próprios mitos. Encontra-se fora, no seu *contexto* social e cultural. O próprio Lévi-Strauss admite este facto, quando escreve de forma clara, em resposta a uma objecção de P. Ricoeur a propósito da inadequação do método estrutural à análise dos mitos bíblicos: "...os símbolos (a palavra é de Ricoeur) jamais oferecem um significado intrínseco. O seu sentido só pode ser "de posição" e, por consequência, não é acessível nos próprios mitos, mas apenas por referência ao contexto etnográfico, ou seja, àquilo que podemos conhecer dum género de vida, das técnicas, dos ritos e da organização social das sociedades das quais queremos analisar os mitos..." [25].

É sobretudo na polémica com Propp [26] que estas questões são tratadas de forma mais explícita.

O nível formal da estrutura do mito só tem significado por referência ao contexto (o erro formalista de Propp é de não ter compreendido isto). Por outras palavras, a sintaxe do mito que se descreve na análise estrutural, é complementar de um estudo do léxico, que só pode ser contextual.

Mas a este nível, no caso do mito, a questão complica-se porque o mito é uma metalinguagem, ou seja, é composto por mitemas, eles próprios compostos por palavras. Ora essas palavras já têm um significado ao nível da linguagem e combinam-se para formar novos significados ao nível da metalinguagem mítica.

Por conseguinte, na mitologia o conteúdo (o léxico) está intimamente ligado à forma/estrutura (sintaxe) uma vez que impõe logo à partida formas que a estas estão condicionadas: "...a *estrutura* não tem um conteúdo distinto, ela é o próprio conteúdo, apreendido numa organização lógica concebida como propriedade do real" [27].

---

[25] *Réponses...*, p. 632.
[26] *Anthropologie Structurale Deux*, cap. VIII.
[27] *Id., ibid.*

Existe em tudo isto a descoberta de um significado que escapa ao sujeito reflexivo.

Mas toda a Antropologia de lévi-straussiana é um esforço para fazer escapar a compreensão antropológica das determinações de um significado originado no sujeito, ou seja: ela é uma completa negação da liberdade, o que a afasta mais uma vez da filosofia e, nomeadamente, de qualquer filosofia moral: "...tradicionalmente a filosofia é uma investigação que coloca o problema de saber em que é que o espírito humano é livre (...) enquanto que eu procuro estabelecer, partindo da etnografia, em que é que o espírito humano não é livre" [28].

Poderíamos no entanto objectar que essas posições, mesmo insistindo sempre na negação da filosofia, não são menos filosóficas, apesar de se apresentarem legitimadas por uma intenção científica.

Vimos a propósito dos mitos que a descrição das estruturas é sempre acompanhada por uma interpretação do seu significado.

A mesma metodologia pode ser encontrada nas investigações sobre os sistemas de parentesco. Trata-se primeiro de descrever a sua estrutura, bem como o seu funcionamento, em termos de troca restrita ou generalizada, para depois interpretar a *escolha* feita pela sociedade entre um e outro tipo de troca, como sendo dirigida para uma *finalidade:* "Estas modalidades só podem ser encontradas no termo geral da exogamia... na condição de distinguirem... a finalidade que tende a assegurar, através da interdição do casamento nas graus proibidos, a circulação, total e contínua desses bens do grupo por excelência, que são as suas mulheres e as suas filhas" [29].

A razão para esta circulação de mulheres, ou por outras palavras, o seu significado ou a sua finalidade, está no estabelecimento de alianças destinadas a reforçar a comunicação e a integração social, exprimindo-se assim a superação da ordem natural da con-

---

[28] *Entretiens...*, p. 30.
[29] *Les Structures Elémentaires de la Parenté*, p. 549.

sanguinidade pela ordem cultural da aliança: "O papel primordial da cultura é assegurar a existência do grupo e, portanto, de substituir, tanto neste domínio como em todos os outros, a organização ao acaso" [30].

Este facto não põe em causa o materialismo naturalista a que nos referimos posteriormente. Lévi-Strauss coloca-se em oposição a certas concepções evolucionistas que falam de um hipotético "estado natural" no Homem, antes do advento da cultura e da civilização. Ele crê – tal como outros autores da modernidade – que no Homem sempre houve um estado cultural.

Com efeito, a distinção entre um estado e o outro, não tem, para Lévi-Strauss, um "significado histórico", apesar de nunca deixar de ter um "valor lógico" em antropologia.

Na realidade não é tanto no real que Lévi-Strauss faz uma separação entre Natureza e Cultura, essa distinção impõe-se, para o etnólogo, sobretudo do ponto de vista metodológico.

---

[30] *Id.,* p. 37.

7. O INCONSCIENTE ESTRUTURAL

LÉVI-STRAUSS FAZ DO INCONSCIENTE o conceito base, o próprio fundamento, da sua explicação da sociedade e da cultura.

Poderia então parecer que, na sua teorização, Freud seria uma
referência obrigatória e com efeito Lévi-Strauss afirma que sim.
Mas se observarmos com mais atenção, a ideia que o autor faz do
inconsciente está bastante afastada da de Freud. Parece-nos que
terá muito mais a ver com a "consciência colectiva" de Durkheim
(e, por conseguinte, com o *código* da língua enquanto facto social,
referido por Saussure) do que com o inconsciente libidinal e pulsional de Freud.

A verdade é que desde muito cedo Lévi-Strauss evoca o
conceito de inconsciente nos seus escritos, tal como se refere de
forma bastante explícita à sua filiação freudiana nos escritos auto-
biográficos [1].

---

[1] Cf. *Tristes Tropiques*, p. 42: "O período entre 1921 e 1930 foi o da difusão das teorias
psicanalíticas em França. Através dela aprendi que as antinomias à volta das quais nos
aconselhavam a construir as nossas dissertações filosóficas e, mais tarde, as nossas lições
– racional e irracional, intelectual e afectivo, lógico e pré-lógico – se resumiam a um
jogo gratuito. Em primeiro lugar, porque para além do racional existia uma categoria
mais importante e válida, a do significante, que é a mais elevada forma de ser do racional...
Posteriormente, a obra de Freud demonstrava que as oposições não eram exactamente

A questão agora é saber se será ou não necessário distinguir as duas coisas, não sendo o inconsciente de que nos fala Lévi-Strauss o da psicanálise freudiana [2].

---

essas, uma vez que são precisamente as condutas aparentemente mais afectivas, as operações menos racionais, as manifestações declaradas pré-lógicas que são, ao mesmo tempo, mais significativas".

Sublinhe-se que apesar de ter tido conhecimento de Saussure bastante mais tarde, através de Jakobson (cf. "Prefácio" a *Três Lições...*), Lévi-Strauss associa neste texto os nomes de Freud e Saussure.

Num outro texto autobiográfico (o "Prefácio" já citado) Lévi-Strauss, novamente, aproxima-se mais da noção de inconsciente de Saussure do que da de Freud. Escreve ele, citando Jakobson: "O grande mérito de Saussure, diz Jakobson, é o de ter compreendido exactamente que um dado extrínseco existe inconscientemente. Não poderemos negar que as suas lições trazem, igualmente, uma contribuição capital às ciências humanas ao sublinharem o papel que cabe, na produção da linguagem (e também de todos os sistemas simbólicos), à actividade inconsciente do espírito". *Op. cit.*, p. 13.

[2] É necessário matizar esta afirmação se pensarmos na psicanálise lacaniana. Sabemos de que maneira, como confessa o próprio Lacan, o método estrutural de Lévi-Strauss foi importante para a formação do pensamento lacaniano: "se eu quisesse caracterizar o sentido em que fui apoiado e guiado pelo discurso de Claude Lévi-Strauss, diria que foi na ênfase que ele deu... ao que eu chamaria a função do *significante*, e eu que não diria apenas se distingue pelas suas leis, mas também que prevalece sobre o significado, ao qual se impõe". "Intervenção sobre a exposição de Claude Lévi-Strauss sobre as relações entre a mitologia e o ritual". in Jacques Lacan.

Em seguida, fazendo alusão ao artigo de Lévi-Strauss "A Estrutura do Mito" (*Anthropologie Structurale*, cap. XI), Lacan nele reconhece o projecto de uma "linguística generalizada" que, partindo da análise dos mitos colectivos, procura identificar as "unidades significantes": os *mitemas* ("que eu considero – escreve Lacan – como uma extensão à noção de mito desta ênfase dada ao significante", *op. cit.*, p. 62).

Quando Lévi-Strauss fala da predominância do significante, é precisamente para mostrar a predominância do elemento formal sobre o conteúdo do sentido ou significado (como no "bricoleur" de *La Pensée Sauvage*, cf. p. 28 sqq): "Uma vez que a *forma* mítica carrega o *conteúdo* da narrativa" (*Anthropologie Structurale*, p. 225).

É desta forma que Lacan tenta aplicar na análise do *homem dos ratos* ("Le mythe individuel du névrosé", *Ornicar?*, Setembro 1978) a metodologia da análise estrutural desenvolvida por Lévi-Strauss: "tentei quase imediatamente aplicar, e, ouso afirmá-lo, com pleno sucesso, a grelha aos sintomas da neurose obsessiva" (*op. cit.*, p. 63).

Com efeito, Lacan aplica à análise de um mito individual a metodologia que Lévi-Strauss havia empregue na análise dos mitos colectivos.

Para o fazer, apropria-se de uma analogia, feita pelo próprio Lévi-Strauss, entre a neurose e o mito: "Na civilização mecânica, não há mais lugar para o tempo mítico, a não ser no próprio homem " (*Anthropologie Structurale*, p. 226).

Num texto de 1949 – "História e Etnologia" [3] – Lévi-Strauss mostra a importância do inconsciente no contexto da Antropologia.

Propõe-se distinguir as duas disciplinas – a história e a etnologia – delimitando os seus domínios próprios, mas demarcando também a sua proximidade.

Aproximam-se na medida em que se ocupam de realidades sociais afastadas das nossas, quer seja no tempo (a história), quer no espaço (a etnologia). Portanto, ambas tentam compreender a alteridade.

Poderíamos sublinhar neste ponto que o objectivo de Sartre, nas suas biografias, é tentar também compreender a alteridade, mas a do outro individual, tanto na sua história como no seu projecto, que lhe confere a sua diferença específica, a sua singularidade.

No entanto a história e a etnologia diferem sobre um ponto capital: "a história organiza os seus dados em relação às expressões *conscientes,* a etnologia em relação às condições *inconscientes,* da vida social" [4].

Lévi-Strauss retoma assim a oposição clássica, que já vinha de Durkheim e mesmo de Comte [5], entre a sociologia e a história.

---

[3] *Anthropologie Structurale,* p. 3 sqq.

[4] *Id.,* p. 25. Cf. também AS.31: "Neste sentido, a célebre fórmula de Marx: "Os homens fazem a sua própria história, mas não sabem que a estão a fazer", justifica, no seu primeiro termo, a história e no segundo, a etnologia".
Recordemos que Sartre citava uma frase de Engels que se enuncia quase da mesma maneira, mas com uma diferença: "São os próprios homens que fazem a história...mas num determinado meio que os condiciona".
Em ambos os casos a citação serve para marcar o acordo dos nossos dois autores em relação ao marxismo. Mas é notório que a suas leituras do marxismo são bastante diferentes. Na segunda parte da frase que cita, Sartre vê o que pode ser entendido através das suas próprias noções de "situação" ou "pratico-inerte", mesmo reconhecendo-se sobretudo na primeira do enunciado: "São os próprios homens que fazem a história". Por seu lado, é precisamente esta primeira parte que Lévi-Strauss atribui à história, para se identificar antes – enquanto etnólogo – com a segunda "...eles não sabem que a estão a fazer".

[5] Cf. Badcok, *op. cit.,* p. 92 sqq.

A primeira situa-se a nível da sincronia, ou seja, do "facto social", da "consciência colectiva" que é necessário estudar na sua organização interna numa perspectiva "holista", enquanto que a história se ocupa do acontecimento, da mudança diacrónica, que segue uma lógica totalmente diferente [6].

Podemos ver que Sartre escolheu perfeitamente o seu campo: ocupando-se do indivíduo, do acontecimento singular por excelência que é a "livre escolha" de cada um, só poderia privilegiar a diacronia histórica na sua compreensão do homem.

Mas existe um problema que se mantem em aberto: que tipo de relações estabelecer entre estas duas perspectivas, a que se ocupa do *código* e a que se ocupa do *acontecimento?*

Voltando a Lévi-Strauss e à introdução de *Anthropologie Structurale*, encontramos de novo uma perspectiva perfeitamente durkheimiana na sua abordagem da etnologia. Na sua opinião a etnologia "retira a sua originalidade da natureza inconsciente dos fenómenos colectivos" [7]. Os costumes, tal como as instituições, como factos sociais existem independentemente das consciências individuais [8].

No domínio específico da etnologia, Lévi-Strauss atribui a Boas "o mérito de ter... definido a natureza inconsciente dos fenómenos culturais" [9] ao utilizar como modelo o funcionamento social da língua, antecipando-se assim a Saussure.

---

[6] Lévi-Strauss escreve, a propósito do historiador: "Este estuda sempre indivíduos, quer eles sejam pessoas ou acontecimentos ou grupos de fenómenos individualizados pela sua posição no espaço e no tempo". (AS.8)

[7] *Id.,* p. 25.

[8] "...não existe qualquer dúvida que as razões inconscientes pelas quais é praticado um costume, se partilha uma crença, estão mais afastadas daquelas que são evocadas para o justificar. Mesmo na nossa sociedade, as maneiras à mesa, os costumes sociais, as regras de vestuário e muitas outras atitudes morais, políticas e religiosas, são observados escrupulosamente por cada um de nós sem que a sua origem e a sua função real tenham sido objecto de um exame reflexivo. Nós agimos e pensamos por hábito, e a extraordinária resistência a qualquer tipo de derrogação, mesmo mínima, advém mais da inércia que duma vontade consciente de manter os costumes cuja razões conhecemos" (AS.25).

[9] *Id.,* p. 26.

Neste ponto, o objectivo da etnologia, de acordo com Lévi-Strauss, é já passar do particular ao geral [10], de atingir uma instância de generalidade que permita compreender "... a identidade profunda de objectos empiricamente diferentes" [11].

Esta identidade profunda, que Lévi-Strauss coloca sempre a um nível inconsciente, permitir-lhe-á afirmar o seu reducionismo, como teremos oportunidade de ver mais à frente.

Portanto, o inconsciente é concebido por Lévi-Strauss como uma forma vazia que se aplica a diferentes conteúdos particulares [12]. Esta forma, ou estrutura, é de uma enorme generalidade e, em última instância, identifica para além da diversidade das culturas.

A etnologia parte, por conseguinte, dos aspectos singulares para atingir o universal idêntico. Não são os indivíduos em si que interessam, será antes "o espírito humano" do qual eles participam e que é regido por leis universais [13].

Encontra-se frequentemente em Lévi-Strauss a utilização da expressão "espírito humano" para designar o que também apelida de "inconsciente" ou "actividade inconsciente do espírito", sempre caracterizado como "universal" [14].

Mesmo quando fala explicitamente do inconsciente freudiano (como acontece, por exemplo, num texto de 1949 intitulado

---

[10] "A passagem do consciente ao inconsciente é sempre acompanhado de um progresso do particular para o geral" (AS.28).

[11] *Id., ibid.*

[12] "Se, como estamos em crer, a actividade inconsciente do espírito consiste em impor formas a um conteúdo, e se essas formas são fundamentalmente as mesmas para todos os espíritos, antigos e modernos, primitivos e civilizados – como o estudo da função simbólica, tal como ela se exprime na linguagem, mostra de uma forma incontestável – é necessário e suficiente atingir a estrutura inconsciente, subjacente a cada instituição ou a cada conteúdo, para obter um princípio de interpretação válido para outras instituições e outros costumes..." (AS.28).

[13] "...a pretensa "consciência colectiva" reduzia-se a uma expressão, ao nível do pensamento e das condutas individuais, de certas modalidades temporais das leis universais em que consiste a actividade inconsciente do espírito" *Anthropologie Structurale*, p. 75).

[14] Cf. *Anthropologie Structurale*, pp. 8, 28, 64, 75, 81, 91.

"A eficácia simbólica" [15] interpreta-o no sentido da concepção que faz deste conceito.

Comparando a noção de mito em etnologia com a de inconsciente em psicanálise pretende que, no caso do analisando, os acontecimentos que tenciona recordar como sendo reais talvez não sejam mais que um "mito individual" cuja referência ao real histórico é tão verdadeira como a do mito colectivo em relação ao real histórico das sociedades.

Acontece que certos acontecimentos, num contexto individual ou colectivo, podem "...induzir uma cristalização afectiva, que acontece no molde duma estrutura pré-existente" [16].

Esta estrutura pré-existente, o inconsciente, é intemporal [17] e vazia [18]. Atribui-lhe uma "função simbólica", presente em todos os homens e, enquanto pura forma, igual para todos.

É então necessário escrever: "O inconsciente deixa de ser o inefável refúgio das particularidades individuais, o depositário de uma história única, que torna cada um de nós um ser insubstituível" [19].

Da mesma forma um mito ou um conto popular, cuja individualidade é aparentemente irredutível, quando colocados num conjunto ou num ciclo e analisados de forma conveniente, revelam um conjunto restrito de elementos que se combinam [20].

Mais uma vez é o elemento fonológico que está presente, com a possibilidade de redução da multiplicidade da língua a uma combinação de alguns fonemas limitados em número [21].

---

[15] *Id.*, Cap. X.

[16] *Id.*, p. 224.

[17] "Em relação ao acontecimento ou à anedota, essas estruturas – ou, mais precisamente, essas leis de estrutura – são verdadeiramente intemporais". *Id.*, p. 224).

[18] "...o inconsciente é sempre vazio". *Id.*, p. 224).

[19] *Id.*, p. 224.

[20] "Uma recolha dos contos e dos mitos conhecidos ocuparia uma quantidade significativa de volumes. Mas podemos reduzi-los a um pequeno número de tipos simples, accionando, por detrás da diversidade de personagens, algumas funções elementares; e os complexos, esses mitos individuais, também se reduzem a alguns tipos simples, moldes onde se deposita o fluido da diversidade de casos", *id.*, p. 225.

[21] "Existem muitas línguas mas muito poucas leis fonológicas, que valem para todas as línguas", *id.*, p. 225.

Num outro texto [22], Lévi-Strauss dá-nos algumas precisões importantes sobre o seu conceito de inconsciente, nomeadamente em relação à noção durkheimiana de "inconsciente colectivo".

Tentando distinguir o que entende por estrutura, Lévi-Strauss afasta-se desde logo de qualquer concepção que veja a estrutura como uma "realidade empírica" qualquer. Para falar da realidade social empírica, prefere a expressão "relações sociais". São estas que fornecem a matéria para construir os modelos teóricos com os quais poderemos conceber a estrutura social.

As relações sociais não são, por conseguinte, observáveis empiricamente. Se são uma realidade, será necessário representá-la através de um *modelo* teoricamente construível, de acordo com certas regras [23].

Mas se um modelo pode representar uma estrutura, as duas noções não se podem confundir. Tanto mais que a estrutura é, por definição, inconsciente, enquanto o modelo nem sempre é inconsciente. Isto para além do facto de Lévi-Strauss considerar o modelo uma construção teórica resultante da metodologia das ciências sociais, enquanto a estrutura é a realidade profunda de uma sociedade.

Existem também modelos conscientes. Neste ponto Lévi-Strauss dá-nos uma precisão importante no que diz respeito à sua

---

[22] *Id.,* cap. XV: "A Noção de Estrutura em Etnologia",

[23] Cf. a este propósito o capítulo precedente, segunda parte: "Lévi-Strauss: O Método estrutural". Cf. também, no texto que agora estudamos, a seguinte passagem: "Acreditamos, com efeito, que para merecer o nome de estrutura um modelo deve satisfazer exclusivamente quatro condições.

Em primeiro lugar, uma estrutura oferece um carácter de sistema. Consiste em elementos tais que a mínima modificação de um deles acarretará uma modificação em todos os outros.

Em segundo lugar, todos os modelos pertencem a um grupo de transformações, correspondendo cada um deles a um modelo da mesma família, se bem que cada conjunto dessas transformações constitua um grupo de modelos.

Em terceiro lugar, as propriedades acima indicadas permitem prever de que forma irá reagir o modelo, em caso de modificação de um dos seus elementos.

Por último, o modelo deve ser construído de tal forma que o seu funcionamento possa ter em conta todos os factos observáveis", *id.,* p. 306).

relação – acima referida – com os conceitos durkheimianos: os modelos conscientes são as "normas" constitutivas da "consciência colectiva"; e acrescenta que a sua função "é perpetuar as crenças e os usos, em vez de expor as suas forças impulsionadoras" [24].

Sucede mesmo que esses modelos conscientes, que são representações teóricas da consciência colectiva, na sua ausência de poder explicativo, barram o acesso às categorias do inconsciente estrutural, mesmo que por vezes também possam fornecer uma via de acesso à estrutura [25].

Já várias vezes aqui se escreveu que Lévi-Strauss tinha transformado a "consciência colectiva" de Durkheim num "inconsciente colectivo" [26]. Pode-se agora precisar que Lévi-Strauss não aboliu o primeiro conceito (consciência colectiva) para o substituir pelo seu homólogo, o conceito de inconsciente. Manteve-o enquanto síntese das "normas culturais" conscientes, representáveis por modelos teóricos conscientes, enquanto a estrutura inconsciente, com o seu poder explicativo, é representável através de modelos inconscientes, ou mais precisamente, modelos de inconsciente.

Esses modelos do inconsciente, por outras palavras, a estrutura, são precisamente o objectivo da investigação em etnologia e Lévi-Strauss faz mesmo uma analogia com a física que é bastante exemplificativa das suas preocupações epistemológicas: "...somos levados a conceber as estruturas sociais como objectos independentes da consciência que domina os homens (regulando-lhes, porém, a existência) e passíveis também de serem diferentes da imagem que eles formam, diferindo a realidade física da imagem

---

[24] *Id.,* p. 308.

[25] Cf. *id.,* p. 309: "Mas quando dedica toda a sua atenção a esses modelos, produtos da cultura indígena, o etnólogo estará longe de esquecer que as normas culturais não são automaticamente estruturas. São sim importantes peças de apoio para a sua descoberta: ora documentos em bruto, ora contribuições teóricas, comparáveis às que o próprio etnólogo recolhe".

[26] Evidentemente, não se pode confundir esta noção com os "arquétipos" de Jung: "...apenas as formas podem ser comuns, não os conteúdos" (PS.88).

sensível que dela temos, e das hipóteses que formulamos a seu propósito" [27].

Esta analogia com a física sobre a base da distinção entre consciente e inconsciente, está estudada num texto bastante interessante de Hugo G. Nutini [28]. Ele demonstra que a distinção, rigorosamente seguida por Lévi-Strauss, entre a estrutura e os factos empíricos, corresponde inteiramente ao método fundamental das ciências da natureza [29], que é utilizado desde Galileu, que pela primeira vez opera uma "bifurcação da natureza" (bifurcation of nature) entre as "construções formais" e a "realidade empírica" [30].

Agora a questão é encontrar os elos existentes entre os dois níveis [31]. Portanto, a ciência não é uma simples disciplina empírica mas uma explicação que parte das construções conceptuais para dar conta da realidade empírica [32].

---

[27] *Id.*, p. 134.

[28] Hugo G. Nutini, "Lévi-Strauss, conception of Science". *Échanges e Comunications* I, pp. 543-570.

[29] "A principal preocupação da ciência deveria ser o desenvolvimento das regras de transformação, mediadoras entre as propriedades analíticas das construções formais e a realidade empírica dos factos" (*id.*, p. 554).

[30] Cf. *op. cit.*, p. 555.

[31] Depois de ter descrito a situação anterior a Lévi-Strauss: "...Os antropólogos americanos e britânicos...ficaram, no fundo, demasiado perto dos factos empíricos para serem capazes de interiorizar a grande alteração que teve lugar no seu grande paradigma original de explicação científica, não conseguindo, desta forma, tirar a antropologia da sua referência positivista do século XIX. Implicitamente ou explicitamente, mantiveram a opinião segundo a qual os fenómenos sociais empíricos só podem ser descritos, fazendo deste modo uma distinção categórica entre os métodos das ciências físicas e os das ciências sociais"; escreve o autor: "Tal era a situação no mundo da antropologia até ao surgimento de Claude Lévi-Strauss, que compreendeu a mudança epistemológica que as ciências físicas tinham sofrido, sobretudo, durante o primeiro quarto deste século. Lévi-Strauss compreendeu as condições epistemológicas das explicações teóricas, ou seja, a estipulação de uma construção cognitiva entre as construções formuladas (conceitos, teorias, modelos, etc.) e os dados empíricos; em termos estritamente antropológicos, reconheceu que a estrutura não deve ser formada a um nível empírico, mas deve estar sobreposta aos factos sociais", pp. 547-548.

[32] Jorge Luís Borges demonstrava este facto num famoso pequeno texto intitulado "Del Rigor en la Ciencia" in *El Hacedor*, p. 103. Ele imagina um Mapa do Império com o tamanho do Império e que com ele coincidia ponto por ponto.

Com efeito a "bifurcação" operada por Lévi-Strauss, já não na natureza mas na sociedade, pretende sobretudo resolver o velho problema da objectividade nas ciências sociais.

Ele pretende, neste domínio, encontrar uma instância onde a objectividade seja possível. Encontra-a precisamente no *inconsciente*. A sua explicação é dada no texto da *Introdução à Obra de Marcel Mauss*.

Se bem nos lembramos, Mauss, na continuação de Durkheim, tinha como ponto de partida a noção de "facto social" com as características que este último lhe conferiu (independência em relação às consciências individuais, etc.). Sendo assim a *dádiva* é um facto social, mas precisando que se trata de um *facto social total*. Ou seja, um facto social que deve ser considerado como uma *coisa* mas também como uma *representação*, logo *totalmente*.

O dom é uma *coisa* e como tal o etnólogo deve estudá-lo, mas deve igualmente compreender a apreensão subjectiva que o indígena faz dessa coisa. Esta apreensão faz parte do "facto social total" que é a *dádiva*[33].

.Estamos perante o problema do sujeito e do objecto em ciências sociais. Se é verdade que as ciências da natureza podem, normalmente, negligenciar a parte subjectiva, tal está interdito em ciências humanas e sociais.

Por essa razão Sartre – como vimos – pensava que o único método apropriado para compreender o homem na sua totalidade, ou seja, como sujeito/objecto, era a filosofia.

Lévi-Strauss pensa de forma diferente. Segundo ele a antropologia, como ciência, colocada perante esta antinomia, "...resolve o problema graças à capacidade do sujeito de se objectivar indefinidamente, ou seja (sem nunca se abolir como sujeito), de projectar exteriormente fracções sempre decrescentes de si próprio"[34].

---

[33] Cf. Lévi-Strauss, *op. cit.*, p. XXVIII: "Para compreender adequadamente um facto social, é necessário apreendê-lo *totalmente*, ou seja, pelo lado de fora, como uma coisa, mas como uma coisa da qual faça, no entanto, parte integrante a apreensão subjectiva (consciente e inconsciente) que dela recebermos se, inelutavelmente homens, vivermos o facto como indígena, em vez de o observarmos como etnógrafo".

[34] *Op. cit.*, p. XXIX.

136 : ANTROPOLOGIA E FILOSOFIA

A antropologia cultural e social é precisamente o local teórico privilegiado onde se opera esta objectivação do subjectivo. O seu objecto são as múltiplas culturas, todas elas vividas subjectivamente e, portanto, é esta vivência que o etnólogo deve compreender, tanto pelo lado de fora, como por dentro [35].

Mas isto só é possível porque existe uma instância onde a oposição entre o sujeito e o objecto se apaga: o inconsciente [36]. Com efeito: "Por um lado... as leis da actividade inconsciente estão sempre para além da apreensão subjectiva (podemos ter consciência delas mas como objecto); e por outro, são elas que, contudo, determinam as modalidades desta apreensão" (*op. cit.*, p. XXX).

---

[35] A este propósito Cf. o capítulo II de AS.II: "Jean-Jacques Rousseau, fundador das ciências do homem". Neste texto em que Lévi-Strauss apresenta Rousseau como o pai fundador da antropologia moderna, cita como uma regra fundamental do método, a seguinte passagem: "Quando queremos estudar os homens é preciso olhar perto de nós; mas para estudar o Homem é preciso aprender a olhar ao longe; é preciso observar as diferenças para descobrir as propriedades". (*Ensaio sobre a Origem das Línguas*, capítulo VIII). *Id.*, p. 47).
Um pouco mais à frente ele resume: "O pensamento de Rousseau desabrocha, portanto, a partir de um duplo princípio: o da identificação do outro, e mesmo do mais 'outro' de todos os outros, como se fosse um animal; e o da recusa da identificação de si próprio, ou seja, a recusa de tudo que possa tornar o eu 'aceitável'. Ambas as atitudes se completam e a segunda serve mesmo de fundamento para a primeira: na verdade eu não sou 'eu', mas o mais fraco, o mais humilde dos 'outros'. É esta a descoberta de *Confissões...*". *Id.*, p. 51).
E sobre a sua própria sociedade, o etnólogo deve vê-la "...não de forma privilegiada, mas apenas como uma dessas sociedades 'outras' que se sucederam ao longo de milénios, cuja precária adversidade atesta ainda que, também no seu ser colectivo, o homem se deve conhecer primeiro como um 'ele', antes de ousar pretender ser um 'eu'".
"Então, o eu e o outro, libertos de um antagonismo que a filosofia procura apenas exacerbar, recuperam a sua unidade". *Id.*, p. 52).
Sobre Rousseau, Cf. também *Le Totémisme Aujourd'hui*, p. 142 sqq.

[36] Num Texto sobre o estruturalismo, G. Deleuze coloca esta mesma questão nos seguintes termos: para além da dictomia entre o *real* (o que nós chamamos o objectivo) e o *imaginário* (o subjectivo), a investigação estrutural tenta atingir um terreno mais profundo, uma terceira instância que, no fundo, determine as duas anteriores: o *simbólico*.
Cf. G. Deleuze, "A quoi reconnaît-on le structuralisme"? in F. Châtelet (dir.), *Histoire de la Philosophie, 8. Le XXème siècle*, pp. 299-334.

Mas mais uma vez trata-se de um inconsciente não substancial que deve ser tido como um conjunto de leis que determinam o espírito humano em geral, ou seja, independentemente do momento histórico ou da perspectiva subjectiva onde ele é vivido [37].

*

* *

Depois de se ter colocado, explicitamente, como vimos, na esteira freudiana, Lévi-Strauss não poderia deixar de se referir à obra em que Freud faz a sua grande intervenção teórica no domínio da antropologia: *Totem e Tabu.*

Refere-se, com efeito, a esta obra em várias ocasiões e sempre de um ponto de vista crítico, que só se irá acentuando com o passar dos tempos. Seguindo esta evolução poderemos compreender melhor em que sentido Lévi-Strauss se afasta de Freud.

Sabemos como Freud explica a origem das interdições sociais (e nomeadamente a proibição do incesto) através da horda primitiva, do assassinato do pai e do sentimento de culpa que se lhe segue.

A primeira discussão crítica das teses de Freud, feita por Lévi-Strauss está desenvolvida em *Les Structures Élémentaires de la Parenté.* Nela segue de muito perto as opiniões de Kroeber em *Totem and Taboo in Retrospect.*

Segundo ele, o erro de Freud teria sido o de acreditar num acontecimento originário que teria marcado para sempre o Homem em sociedade. O drama edipiano, que é, em última análise, o âmago desta hipótese, talvez nunca se tenha produzido na origem da história. Os desejos edipianos é que sempre existiram e que possivelmente sempre existirão. São vividos por cada indivíduo, sem que a sociedade lhe permita, alguma vez, passar

---

[37] Cf. *op. cit.,* p. XXXI: "O inconsciente seria, assim, um termo mediador entre o eu e o outro...sem nos obrigar a sair de nós mesmos, faz-nos coincidir com as formas de actividade que são, ao mesmo tempo, nossas e outras, condições de todas as vidas mentais, de todos os homens e de todos os tempos".

ao acto. E é por estes desejos existirem que a sociedade deve encontrar dispositivos que se lhes oponham [38].

Mas esta critica deixou de satisfazer Lévi-Strauss quando, alguns anos mais tarde, ele volta à questão em *Totémisme Aujourd'hui* [39]. Já não pensa que seja possível interpretar as interdições sociais através da repetição, ao longo de toda a história, dos mesmos desejos em cada indivíduo. As normas sociais não são seguidas pelos indivíduos em sociedade por existir na base dessa obediência um desejo repetitivo mas reprimido. São antes as normas que determinam os sentimentos individuais, como as formas de comportamento em sociedade [40]: "Na verdade, as pulsões e as emoções nada explicam; são sempre um *resultado*...(nunca são a causa)" [41].

A relação entre Freud e Lévi-Strauss não nos parece tão clara como este último nos quer fazer acreditar quando fala da psicanálise como uma das suas inspirações fundamentais.

---

[38] Cf. *Structures Élémentaires de la Parenté*, p. 563: "...o passado da espécie representa-se, em cada instante, no drama infinitamente multiplicado de cada pensamento individual, porque não é, indubitavelmente, mais que a projecção retrospectiva de uma passagem que aconteceu continuamente.

O desejo da mãe ou da irmã, a assassinato do pai e o arrependimento do filho não correspondem, de certeza, a nenhum facto concreto ou conjunto de factos que ocupem na história um determinado lugar. Mas talvez traduzam, de forma simbólica, um sonho simultaneamente antigo e duradouro.

O actos que evoca jamais foram cometidos, porque a cultura sempre, e em toda a parte, se lhe opôs."

[39] Cf. *Totémisme Aujourd'hui* 101, n. 1: "Ao contrário de Kroeber, a nossa atitude em relação a *Totem e Tabu* endureceu com o passar dos anos".

[40] "Não sabemos, e jamais saberemos, seja o que for, sobre a origem de crenças e de costumes, cujas raízes mergulham num passado distante; mas, no que diz respeito ao presente, é certo que os papeis sociais não são desempenhados de forma espontânea por cada indivíduo, sob o efeito de emoções actuais. Os homens não agem, enquanto membros de um grupo, em função daquilo que cada um sente como indivíduo: cada homem sente em conformidade com a conduta que lhe é permitida ou prescrita. Os costumes são dados como normas externas, antes de se gerarem sentimentos internos, e estas normas insensíveis determinam os sentimentos individuais, bem como as circunstâncias em que podem, ou devem manifestar-se". *Id.*, p. 101.

[41] *Id.*, p. 103.

Seríamos mesmo tentados a afirmar que o inconsciente lévi-
-straussiano está muito mais próximo do inconsciente linguístico
do que do inconsciente freudiano. Lévi-Strauss estaria sem dúvida
de acordo com esta afirmação[42], mas a questão é saber em que
medida poderemos identificar estes dois inconscientes.

Sabemos de que maneira um certo estruturalismo psicanalítico proclamou a identificação do inconsciente linguístico e do
inconsciente psíquico; estamo-nos a lembrar de uma frase célebre de J. Lacan: "o inconsciente está estruturado como uma linguagem".

Sem querer entrar aqui numa discussão aprofundada da leitura
lacaniana de Freud, é contudo necessário assinalar que a possibilidade desta identificação do inconsciente psicanalítico na linguagem foi objecto de contestação[43].

J. Laplanche, referindo-se directamente a Freud, assinala desde
início que se ele se refere à linguagem não é para a relacionar
com o inconsciente mas sim com o pré-consciente[44].

Na sua opinião, a impossibilidade de identificar o inconsciente da *língua* com o inconsciente psíquico – é precisamente
este o argumento decisivo desta questão – deriva do facto do
inconsciente psíquico não ser redutível a uma linguagem ver-

---

[42] Cf., por exemplo, RE 146-7 onde, falando da universalidade das "condicionantes
do espírito", afirma o seguinte: "... não consideramos essas condicionantes como dados
adquiridos de uma vez por todas, e não as confundimos com chaves que, à moda dos
psicanalistas, permitam, desde logo, abrir todas as fechaduras. Guiamo-nos mais pelos
linguistas: eles sabem que as gramáticas de todas as línguas do mundo têm propriedades
comuns e esperam poder, mais ou menos a longo prazo, atingir as características universais da linguagem".

[43] Ver, a este propósito, J. Laplanche e S. Leclaire, "L'inconscient, une étude psychanalytique" in *L'Inconscient* (VIe Colloque de Bonneval), pp. 95-130. Cf. sobretudo o
capítulo do texto redigido por J. Laplanche, particularmente o capítulo IV.
Cf. Também R. Pirard, "Si l'inconscient est structuré comme une langue..." *in* A. De
Waelhens et alia *Études d'Anthropologie Philosophique*.

[44] "Freud, com efeito, falou de forma bastante explícita da linguagem, mas *o que ele
relaciona com a linguagem é, essencialmente, o sistema pré-consciente* e o processo que o
caracteriza: o *processo secundário*, que põe em oposição os signos e os desvios ao livre
jogo da energia libidinal" (*Op. cit.*, p. 115).

140 : ANTROPOLOGIA E FILOSOFIA

bal, uma vez que, sendo imaginário, está povoado de imagens visuais [45].

Logo, o inconsciente em psicanálise não seria uma estrutura mas sim um "conteúdo" de representações de pulsões, como o próprio Freud afirma no artigo "O Inconsciente", de 1915 [46].

Em primeiro lugar, segundo Freud, existem as *pulsões* ("conceito-limite entre o psíquico e o somático") [47] das quais tem uma concepção essencialmente energética: a pulsão é um impulso [48]. Através do recalcamento, o inconsciente constitui-se como o conjunto das representações das pulsões recalcadas: "O núcleo do *Ics* é constituído por representantes da pulsão que, portanto, querem descarregar o seu bloqueio através de moções de desejo" [49].

Na sua interpretação da psicanálise, Lévi-Strauss marca bem a sua oposição a esta concepção energética do inconsciente [50]. Na sua opinião, "bem pelo contrário, o inconsciente está sempre vazio; ou, mais exactamente, é tão estranho às imagens como o estômago aos alimentos que o atravessam. Orgão com uma função específica, limita-se a impor leis estruturais, que esgotam a sua realidade, a elementos inarticulados que provêem de qualquer outra parte: pulsões, emoções, representações, lembranças" [51].

---

[45] "Quanto ao *estatuto ontológico* do inconsciente assim constituído, será necessário recordar que, se é um estatuto de linguagem, essa linguagem não pode de maneira nenhuma ser assimilada pela nossa linguagem "verbal"?
As "palavras" que o compõem são elementos emprestados ao imaginário – nomeadamente ao imaginário visual – mas elevados à dignidade de significantes. O termo *imago...* corresponde perfeitamente, na condição de ganhar um sentido lato, a estes termos elementares do discurso inconsciente" (*Id.*, p. 122).

[46] S. Freud, *Métapsychologie*.

[47] S. Freud, "Pulsions et destin des pulsions" in *op. cit.*, p. 18.

[48] Cf. *id., ibid.*: "Toda a pulsão é um pedaço de actividade".

[49] *Op. cit.*, p. 96.

[50] Cf. *Anthropologie Structurale*, p. 224: "O inconsciente deixa de ser o refúgio instável das particularidades individuais, o depositário de uma história única, que faz de cada um de nós um ser insubstituível. Reduz-se a um termo pelo qual nós designamos uma função: a função simbólica, especificamente humana, sem dúvida, mas que se exerce sobre todos os homens segundo as mesmas leis; com efeito reduz-se ao conjunto dessas leis".

[51] *Id.*, p. 224.

Poderíamos então concluir que se existem pontos de acordo entre Freud e Lévi-Strauss, existem também divergências.

Ambos se colocam do mesmo lado da *Methodenstreit* [52]: tanto a psicanálise como a antropologia estrutural se colocam do lado das "Naturwissenschaften".

Só que, enquanto Freud vê no inconsciente, como última instância de redução explicativa da realidade humana, uma natureza energética e pulsional, Lévi-Strauss vê nesta mesma instância inconsciente uma estrutura vazia, um esquema formal-abstracto.

O inconsciente libidinal proposto por Freud é des-sexualizado por Lévi-Strauss [53] e esta posição é acrescida de uma outra que faz do inconsciente individual e singular da psicanálise, um inconsciente colectivo e universal em Lévi-Strauss.

---

[52] Sobre Freud e a querela dos métodos, cf. P. L. Assoun, *Introduction à l'Épistémologie Freudienne*, Paris, PUF.

[53] C. R. Badcock, in *op. cit.*, p. 109, sublinha, a este propósito: "...a tendência dos intelectuais franceses em dessexualizar a psicanálise... o estruturalismo de Lévi-Strauss é, precisamente, uma das versões deslibinizadas do freudismo".

Chega mesmo a qualificá-lo de "...heresia cartesiana na história da psicanálise, como uma incorrigível nota de rodapé francesa a Freud".

8. O SILÊNCIO NA COMUNICAÇÃO

O SILÊNCIO É, APARENTEMENTE, o contrário da comunicação. Sabemos que o não é inteiramente, nomeadamente por haver silêncios que exprimem sentido.

No entanto, comunicar em democracia parece ser, hoje em dia, algo de cada vez mais ruidoso. O silêncio guarda ainda, no nosso imaginário, a conotação de repressão imposta sobre a voz e a sua expressão livre.

A censura impõe o silêncio, corta a palavra, oculta. Se bem que ocultar seja da ordem do visível, que não do audível em que a voz se exprime rompendo o silêncio, o jogo metafórico da própria linguagem põe a invisibilidade do que ao olhar se oculta, ou é ocultado, a decorrer do que silencia a palavra e é portanto do registo do (in)audível.

De como o silêncio impõe o que deveria apenas ser da ordem do olhar: a ocultação. A palavra torna visível, resgatando do silêncio. Assim os antigos senhores a fixavam, à palavra, por escrito, para não deixarem de existir na memória dos homens. Como usarão a representação, o retrato, com o mesmo fim de eternidade.

A palavra foi também pensada como desocultação. A palavra que dá a ver. Há olhares que são cegos sem a palavra. Nomeadamente o olhar crítico. Melhor dito: a palavra como "esclareci-mento" do olhar sem a qual este se condena à cegueira crítica. A cegueira é uma espécie de grande silêncio do sentido, uma ocultação que a palavra nunca inteiramente pode compensar.

Por outro lado, o silêncio também pode ser visto como ocul-tação do recalcado/reprimido. Politicamente isto tem consequên-cias. O silêncio (melhor, o silenciamento) é claramente antide-mocrático. Pode também ser cumplicidade ou falta de coragem: "Quem cala consente".

Não pretendo com isto dizer que o silêncio deve ser lido ape-nas como negatividade e privação. Porque ele é também, muito "clara" e afirmativamente a condição do sentido. Desde os primór-dios, na música e no canto.

O ruído não "faz" sentido, antes no seu desfazer se empenha. Para que a música se erga e seja audível, o fundo tem de ser feito de silêncio.

Da palavra o mesmo se dirá quando ela, da sua fusional origem no canto e na recitação do mito, se destaca inscrevendo-se no espaço público. Enquanto palavra persuasiva, na essência mesma da *polis* helénica, a discursividade argumentativa do orador político assenta toda ela no dispositivo dialéctico entre a fala de um e o silêncio, porventura atento, dos outros. Nesse caso, a fala é comu-nicativa e o silêncio passividade receptiva.

O silêncio como passividade: sendo a palavra acção, como o mostrou Austin ao elaborar a sua teoria da performatividade da linguagem, há coisas que se fazem com a linguagem e, conse-quentemente, não se fazem pelo silêncio. Silêncio e (in)acção como na morte ou como no transporte místico. O êxtase místico, sendo extático, é pura inacção, isto é contemplação. Sendo con-templação é da ordem do visível. De novo nos encontramos pe-rante a dupla categoria do dizível e do visível, entre o dizer e o que se oculta. Esta ocultação calada pode ser o resultado inten-cional de uma acção política ou psíquica de reprimir, mas pode também ser o modo ontológico do ser: *a natureza gosta de se ocultar* diz Heraclito num fragmento célebre [1]. Querendo com isso dizer, supor-se-á, que o ser é secreto, isto é silencioso [2]. A fala, o discurso, o verbo irrompe para o romper, precisamente, como se rompe o véu que oculta o ser. Aí Heidegger vai buscar a sua ideia de verdade como des-velamento, des-vendamento, véus e vendas que a palavra afasta, revelando o que se oculta ou, no dizer de Heraclito, gosta *(philei)* de se ocultar, tornando-se críptico, isto é que se oferece à decifração ou interpretação, tarefa por excelência da palavra.

A palavra como desvelamento da única verdade possível é o próprio, essencialmente, da fala poética, di-lo Heidegger e terá toda a razão. O que a palavra poética diz não é da ordem do inessencial quotidiano e falador (tagarela). É antes da ordem do essencial, que é o que mais próximo está do silêncio.

Um outro autor contemporâneo diagnostica aquilo a que chama "a retreat from the word" (Um retrocedimento da palavra) característico, segundo ele da ciência como da arte contemporâneas [3].

Ao retirar-se da palavra, a nossa contemporaneidade não nos remete necessariamente para o silêncio, como se depreenderia do que escreve G. Steiner. Antes para o ruído. Visto, aliás, de maneira oposta, dir-se-ia mesmo que o império do ruído é que destrui a palavra, destruindo o silêncio que é a sua condição de possibilidade.

---

[1] Fr.123: *phusis kruptesthai philei*. Na tradução Kirk-Raven: "The real constitution of things is accustomed to hide itself" *(a real constituição das coisas está acostumada a ocultar- -se)*. G. S. Kirk & J. E. Raven, *The Presocratic Philosophers*. Cambridge, University Press, 1964, p. 193.

[2] "Le secret est le frère utérin du silence" provérbio africano (Bambara) citado por David Le Breton, *Du silence,* Paris, Métaillé, 1997, p. 124.

[3] "...significant areas of the truth, reality, and action receeded from the sphere of verbal statement". G. Steiner, "The retreat from the word", in *Language and Silence I.* London, Faber & Faber, 1985.

*

* *

A *antropologia*, que nos fala da alteridade mais primordial, é onde se poderá, a meu ver (e dizer), encontrar a ilustração mais autêntica disso mesmo que aqui se acaba de escrever.

O "primitivo" era tomado muitas vezes por lacónico, isto é mais dado ao silêncio. Sobretudo em contraste com o ocidental que na sua ânsia de um saber todo não parava de falar... e nunca mais parou, aliás. Embora esse saber totalizante (totalitário) estivesse ainda para além da quotidiana incontinência verbal exibida.

Começando pelo acto da nomeação (dar o nome), que nalgumas culturas se remete a um silêncio que o ocidental interpretou como o segredo do nome, no sentido repressivo do tabu, num regime discursivo radicalmente absurdo aos olhos (e ouvidos) do ocidental. Mas de um Ocidente sem memória que esqueceu os seus primordiais antepassados atenienses e espartiatas, tão lacónicos uns como cultores da palavra os outros que o foram pela primeira vez em público.

Porventura entre eles o laconismo silencioso foi a condição mesma de onde a palavra do sentido pôde brotar. Bem como a palavra que é acção e, de entre essas, a palavra persuasiva eminentemente activa enquanto se dedica exclusivamente a mover e co-mover a mente do outro que assim reconhece.

Mesmo nas nossas ocidentais sociedades mediterrânicas, aqui há uns tempos atrás, quando vigoravam ainda comunidades por vezes ditas arcaicas na sua ruralidade, a palavra assumia um peso contratual que foi perdendo. A palavra tinha o peso e a densidade de um rosto identitário: faltar à palavra dada era como perder a face, isto é aquilo que nos identifica e sem o que nos desconhecemos e somos des-conhecidos.

Nesta nostálgica utopia ao contrário (utopia do silêncio e da palavra plena que dela brota), ao contrário porque olhando para uma origem perdida, a palavra tem uma outra densidade, um "peso" que só o falar poético hoje por vezes guarda. A palavra era como uma coisa, quase um objecto como aqueles que se diziam ser de "estimação" porque habitados por um afecto.

Lévi-Strauss explica-nos como: "Estava na natureza do signo linguístico não poder permanecer muito tempo no estádio ao qual Babel pôs fim, quando as palavras eram ainda os bens essenciais da cada grupo particular: valores tanto quanto signos; preciosamente conservados, pronunciados com parcimónia, trocados contra outras palavras cujo sentido desvendado vincularia o outro...

Na medida em que as palavras se banalizaram e em que a sua função de signo suplantou o seu carácter de valor, a linguagem contribuiu, com a civilização científica (eu diria mediática), para empobrecer a percepção, a despojá-la das suas implicações afectivas, estéticas e mágicas, e a esquematizar o pensamento" [4].

Contrariamente ao ar ou à água, que a actualidade percepciona como bens governados pela escassez, a palavra deixou de ser percebida como um bem escasso. Particularmente os actuais meios de comunicação de massa, e em particular o mais esmagador deles todos: a televisão, dão à palavra um estatuto que releva do puro dispêndio. O que só é reforçado pela noção, bem arreigada, de que o fluxo é inesgotável. O problema começa a ser antes o da incontinência verbal em que esses mesmos meios se precipitam e a nós com eles.

O que neles se observa é um "dilúvio de emoções familiares cuja obsolescência acaba por se tornar reconfortante por causa da maneira como elas são prodigalizadas, *mas que inquieta sobre o estatuto de uma tal palavra que vota ao esquecimento tudo o que enuncia. A saturação da palavra induz o fascínio do silêncio*" [5].

Quanto mais se fala mais se esquece. O discurso dos media que diz e produz a actualidade, delimita-a ao aqui e agora e transforma o real em algo que está em permanente evanescência, sus-

---

[4] Claude Lévi-Strauss, *Les Structures Élémentaires de la Parenté*, Paris, Mouton, 1967, p. 569
[5] David Le Breton, *op. cit.*, p. 12.

penso de um eterno presente que se prolonga sem fim como o fluxo incontido de uma torneira mal fechada.

A palavrosa actualidade televisiva é uma poderosa máquina de esquecimento. A actualidade, por definição, não tem memória. Ela existe num constante presente que ruidosamente passa e vai sempre permanecendo.

O esquecimento a que o não-presente imediato é votado resulta dessa incontinência verbal permanente a que o fluxo da actualidade, num eterno presente, dá lugar.

Entre a actualidade e o seu esquecimento, a passagem não se nota porque a palavra por onde essa passagem se faz não consente nada para além do seu próprio imediatismo. Uma palavra imediata é por isso mesmo votada ao esquecimento. Poder-se-á assim dizer que é a palavra, no seu imediatismo, a causa do esquecimento.

Para que a palavra fosse mediação, nomeadamente em relação a um passado que exista, teria de haver lugar para o silêncio distanciador, isto é a possibilidade de uma palavra que não aderisse tão imediatamente ao ensurdecedor ruído da actualidade.

Como na TV, a palavra é tão aderente ao acontecimento e à sua imagem que lhe fica presa como um ruído de fundo. O ruído da di-versão entra em contraste com a uni-versão da memória que se opera a partir do silêncio e na distância.

A actualidade nunca acaba nem se cala, não dá lugar ao silêncio que é onde a memória distanciadamente se constrói.

A imagem televisiva sustenta-se no ruído, mais precisamente no ruído de fundo, que parece procurar combater o temor do silêncio gerador de angústia. Na modernidade a multidão será solitária mas não é por isso menos ruidosa. No combate à angústia da multidão solitária, a escolha está entre a uni-versão da palavra com sentido e o atordoamento ruidoso de uma certa di-versão mediático-televisiva.

No primeiro caso coabita-se com o silêncio, é um silêncio de fundo do qual irrompe o sentido; no outro, o ruído de fundo, não dando lugar ao silêncio, impede o sentido, qualquer sentido, de advir.

A mudança que leva ao aparecimento da multidão solitária na modernidade foi emblematicamente referido por Lévi-Strauss [6] num texto conhecido onde põe em contraste o silêncio do analista, à escuta do mito individual do neurótico [7], em contraste com o silêncio do selvagem a quem o xamane recita o mito colectivo.

Dir-se-ia que nesse processo de individuação, de que também fala Foucault [8], a passagem do mito colectivo ao mito individual, é o de um progressivo alastramento da tagarelice. O narcisismo é tudo menos silencioso. Faz até, habitualmente, muito barulho. Quanto mais se avança na procura da verdade íntima, da verdade *no* íntimo, mais se está a romper o silêncio. A cultura do narcisismo [9] é, tendencialmente, uma cultura bem pouco silenciosa, e muito dada à tagarelice (fofoca, como dizem os brasileiros). Por isso se dá tão bem com os ditos meios de comunicação de massa.

Lembremos, no entanto, que o silêncio, em psicanálise, é também um indício do não esquecimento, daquilo que resiste ao completo apagamento. É porque de algum modo resiste e subsiste na memória que isso se cala e silencia. Aqui o silêncio (o que se silencia) vai de par com a memória, a persistência na memória. Enquanto resiste, existe. Existe pelo silêncio.

Porque o silêncio não o é de nada. O silêncio é sempre de algo que se silencia, que se guarda em segredo. Exemplos: os cripto-judeus de Belmonte ou os cripto-cristãos no Japão.

A matéria do silêncio existe, por vezes insiste, e sempre espera o momento de se dizer, com pertinência, na plenitude do sentido em que pode ser escutada.

O silêncio não é ausência de sentido. Há silêncios que falam e há até silêncios que são eloquentes, isto é que dizem mais ou melhor do que palavras. O silêncio, em todo o caso – e particular-

---

[6] C. Lévi-Strauss, *Anthropologie Structurale,* Paris, Plon, 1958, pp. 205 sqq.

[7] J. Lacan, *O Mito Individual do Neurótico,* Lisboa, Assírio & Alvim, 1980.

[8] M. Foucault, *A Vontade de Saber,* Lisboa, António Ramos, 1977.

[9] C. Lash, *The Culture of Narcissism,* Nova Iorque, Warner Books, 1979.

mente aquele que é dito ser eloquente – é um meio de comunicação se pensarmos, com Bateson e a escola de Palo Alto [10], não ser possível deixar de comunicar. Há mutismos que são grito. A dor, por exemplo, se se diz normalmente pelo grito, é ainda mais eloquente quando se exprime pelo silêncio.

Sobre os limites da palavra confinando com o silêncio também Wittgenstein meditou na famosa e intrigante proposição final do *Tractatus* [11] onde afirma "Acerca daquilo de que se não pode falar, tem que se ficar em silêncio", o que pode ser entendida talvez não tanto como uma impotência do falar mas como o reconhecimento de que haverá alguns limites ao dizer para além dos quais o silêncio *estende o seu manto*. Ao que um recente crítico contrapunha com alguma ironia: "Whereoff we cannot speak, thereoff we will go on guessing" [12] (acerca daquilo de que se não pode falar, continuar-se-á a adivinhar).

Mas o silêncio também pode ser performativo: "fez-se um silêncio". Este "fazer" denota até uma intencionalidade na acção. O silêncio pode até ser da ordem da agressão como quando se decide "não dirigir a palavra" a alguém. Este silêncio é um acto de gravidade na medida em que retira ao outro o reconhecimento, base de toda a comunicação e de toda a auto-sustentação identitária.

Em contrapartida, *dirigir a palavra* a alguém constitui um acto de reconhecimento animado de alguma intencionalidade: alguém se coloca, ou é por nós colocado, na direcção da nossa palavra.

A palavra seria da ordem daquilo que se recebe, como dom até, a palavra dá-se e toma-se, também se conquista e não necessariamente contra o silêncio, mas contra o ruído e a tagarelice que não é mais do que um ruído de fundo que tende a dissolver qualquer fala racionalmente articulada e com sentido.

---

[10] P. Watzlawick et alia, *Pragmatics of Human Communication,* Nova Iorque, Norton, 1967.

[11] L. Wittgenstein, *Tratado Lógico-Filosófico,* Lisboa, Fundação Calouste Gulbenkian, 1987.

[12] P. Hensher, *Guardian Weekley,* vol. 164, n. 18, p. 17.

Já Platão (no *Górgias*), quando quer situar a retórica entre as artes começa por colocá-la entre aquelas de quem a acção é um atributo para em seguida distinguir aquelas que actuam pela palavra, como a retórica, das que actuam em silêncio como a pintura ou a escultura. Num caso a acção cumpre-se pelo silêncio, no outro ela efectua-se na e pela palavra.

Falando também da pintura, G. Steiner cita Van Gogh como tendo declarado que o pintor pinta não o que vê mas o que sente. Ao dizê-lo está a justificar uma intuição segundo a qual "o que é visto pode ser transposto em palavras; o que é sentido pode ocorrer a um nível anterior à linguagem ou fora dela" [13]. Isso é uma boa ilustração de como alguém se pode retirar da palavra para um silêncio eloquente.

Mas o que é também interessante no texto de Steiner, é a ligação que ele faz entre a palavra e a visão. É como se o que se vê só se explicitasse inteiramente pela palavra e como se a imagem pudesse exprimir até lá onde a palavra não alcança e só o silêncio impera.

Resta saber onde situar a música e aquilo que se ouve. É claro que a palavra também se ouve e o canto conjuga a palavra com a música. Mas da música em si, o que é que se pode dizer? Em todo o caso ela também depende do silêncio para ser ouvida.

Quanto à escrita, ela é uma arte que, tal como a pintura no dizer de Platão, se exerce em silêncio. Entre nós, contemporaneamente, a escrita é para ser lida em silêncio (escutada em silêncio). Sabemos que nem sempre assim foi. Provavelmente para Platão essa ideia seria absurda mas para ele e para os seus contemporâneos a fala com sentido não era tão perturbada pelo ruído ambiente. É o aumento desse ruído, a ponto de se tornar hoje literalmente ensurdecedor, que nos leva a ter de ler em silêncio. Esse tipo de leitura condicionará a escrita que se faz para o silêncio [14].

---

[13] G. Steiner, *Language and Silence,* Faber and Faber, 1967, p. 41.
[14] F. Nietzcshe, *Da Retórica*, Lisboa, Vega, 1997.

De qualquer modo, pensar no regresso a uma relação anterior com a palavra e o silêncio é certamente uma utopia, uma *utopia do silêncio* que, como na utopia negativa de Clastres [15] (negativa porque coloca a sociedade sem Estado num passado já cumprido e não na *comunidade por vir*), imagina uma palavra que já não existe em lugar nenhum, que se perdeu, e que era uma palavra com valor como quando se dizia de uma palavra que ela era *de honra*. Essa era uma palavra que se podia dar, receber e guardar. Em silêncio e não a voar, levada pela ventania espasmódica dos *media*.

Escreve G. Steiner: "A menos que consigamos restaurar alguma medida de claridade e rigor de sentido às palavras nos nossos media, leis e acção política, as nossas vidas estarão cada vez mais perto do caos. Virá então uma nova era de obscuridade" [16].

---

[15] P. Clastres, *A Sociedade contra o Estado,* Porto, Afrontamento, 1979.

[16] "Unless we can restore to the words in our newspapers, laws, and political acts some mesure and stringensy of meaning, our lives will draw yet nearer to chaos. There will then come to pass a new dark age", in "The retreat from the word" in *op. cit.*

9. A TÉCNICA E A EXPERIÊNCIA DA DOR

A EXPERIÊNCIA DA DOR é uma das que mais essencialmente constitui a identidade cultural, histórica e religiosa do Ocidente como, no fundo, muitas outras culturas.

A experiência da dor talvez seja, de todas elas, a que mais universalmente se encontra distribuída.

Efectivamente assim tem sido. Donde uma certa propensão para se aceitar a verosimilhança de uma universalidade da dor. Nada haveria de mais transcultural do que a experiência da dor, assim pensada como princípio universal, mesmo sendo, como demasiado o sabemos, a mais singular das experiências. Até mesmo, porventura, a mais íntima.

Basta pensar na morte que nunca é uma experiência própria senão a do *outro* e que, mesmo assim, imaginamos e supomos como dolorosa.

Quando se imagina a morte enquanto experiência da dor, ou é porque se pensa essa alteridade ou porque imaginariamente se antecipa uma experiência que nunca poderá ser própria. Mas há pelo menos um aspecto em que dor e morte se igualam: a universalidade de ambas.

A menos que isso não seja bem assim no que diz respeito à pretensa universalidade da dor. Num aspecto, em todo o caso, tem de se admitir a não universalidade da dor e esse é o seu *limiar.*

Que o limiar da dor varie de cultura para cultura, parece inquestionável. Basta lembrar as tremendas imagens, que Bergman veio a utilizar em *Persona*, de um monge budista consumindo-se pelo fogo na sua impassível postura de oração, sem que um só gesto se desprendesse de uma imóvel serenidade. Algo de incompreensível aos olhos ocidentais.

Mas a antropologia também desse limiar nos fala. Por exemplo, Pierre Clastres, no seu livro *Chronique des indiens Guayaki* [1], conta um episódio que o fez reflectir e a nós nos interpela.

Clastres tinha notado que os ritos de passagem, nas sociedades selvagens, se caracterizam quase sempre pela provação da dor. Nas mais diversas populações e relativamente aos dois sexos, os ritos que, marcando a passagem da infância à maturidade, marcam também a pertença ao grupo e a integração plena na sua cultura, observam sempre um ritual em que a dor se impõe. Muito frequentemente são escarificações cuja marca no corpo é destinada a permanecer, como na famosa colónia penitenciária de Kafka.

A marca deixada pela escarificação iniciática permanece indelével para assinalar a irrevogável pertença ao grupo identitário. Mas a dor que a sua imposição provoca será ela dor mais do que para os olhos estranhos?

No texto de Clastres, o seguinte texto é citado que descreve uma dessas cerimónias de iniciação: "A impossibilidade, diria mesmo a serenidade com a qual esses jovens suportavam o seu martírio era mais extraordinária ainda do que o próprio suplício… Alguns mesmo, dando-se conta que eu desenhava, conseguiram olhar-me nos olhos e sorrir, enquanto eu, ouvindo a faca ranger na sua carne, não conseguia reter as lágrimas."

"O corpo é uma memória", escreve Clastres a propósito. E através da sua escarificação se marca a pertença do sujeito e a sua identidade. Do mesmo modo que é pelo corpo e os seus

---

[1] Paris, Plon, 1972.

"sinais particulares" que nós nos identificamos no BI com as "impressões digitais" e o rosto na fotografia. Mas estas, o rosto e as impressões que nos definem, não indiciam senão a pertença a si próprio. Com o nome a constituir uma espécie de totem de uma tribo individual, como algures fez notar Lévi-Strauss.

Clastres conta como, entre os Guayaki, essas escarificações continuavam a ser praticadas nos ritos de passagem, mesmo quando o grupo, junto do qual Clastres fazia o seu trabalho de campo, se encontrava já numa fase de transição entre o nomadismo original e a sedentarização a que o assédio da "civilização" os viria a condenar.

Nessas circunstâncias intermédias, pela primeira vez de memória de Guayaki, uma jovem recusa submeter-se a tais práticas. Com o argumento da dor que antes não existia uma vez que todos a aceitavam em silêncio. Clastres interpreta esse episódio como sendo o sinal de uma irremediável morte anunciada daquela cultura. O reconhecimento da dor, a diminuição do limiar suportável da dor, seriam um indício claro de desagregação interna de uma cultura.

O que talvez, entre nós, nas nossas sociedades, o caso extremo da droga ponha em relevo é o desaparecimento puro e simples de qualquer limiar da dor. A dor, qualquer dor, física ou mental, é insuportável.

O desconhecimento da dor faz as nossas sociedades indolores. Pelo menos tudo ou quase tudo para isso concorre, mormente os media em todo o seu esplendor.

Dois filmes recentes de algum êxito ilustram, de maneira diferente e são disso indício: *Trainspotting* e *Crash*.

Em *Trainspoting* a droga é sobretudo um analgésico. Para abolir a dor, física e mental. Perante a insuportável morte de uma criança, os personagens reagem imediata e ansiosamente com a aplicação de mais uma dose analgésica. Quando um deles, o único que permanecia de fora, cai na dor do luto e da separação, soçobra também no esquecimento da dor procurado na heroína.

De uma maneira geral, nas nossas sociedades, a dor mental: angústia, depressão, ansiedade não têm limiar que a suporte. Toda a espécie de fármacos existem para a combater ao ponto de recentemente se ter generalizada, com o "Prozac", a droga da felicidade. Sempre significando uma maior redução do limiar da dor se não mesmo a sua completa abolição.

Os media, particularmente o mais poderoso de entre eles, a Televisão, é pelo esquecimento da dor que lutam. Pela abolição da memória e a criação de um perpétuo presente indolor que se escoa num constante fluxo trepidante de "boa disposição", "alegria" e excitação, exibindo-se numa máscara de perpétuo sorriso.

Neil Postman, numa obra que lhe deu alguma notoriedade [2], contestava que o futuro das nossas sociedades estivesse ameaçado pelo pesadelo totalitário imaginado por Orwell em *1984*, mas antes o perigo viria de um futuro anestesiado como aquele que A. Huxley imaginou em *O admirável mundo novo*.

O problema é que o desconhecimento da dor e a anestesia que o permite, acabam por abolir também o limiar do prazer. O apagamento destas fronteiras, a indiferenciação generalizada da sensibilidade, acabam num sintoma como aquele que *Crash* denota e exibe: o paradoxal prazer da dor.

Quando se reduziu o limiar, impossibilitando a dor, tendeu-se para o simultâneo estreitamento do limite que a separa do prazer. Ao prazer resta, como possibilidade de se descobrir, a reinvenção da dor. Este é o paradoxo cujos inquietantes sintomas se nos dão a ver em obras como *Crash* e *Trainspoting*.

Em ambos os casos, no "flagelo da droga" como, particularmente em Portugal, na "sinistralidade rodoviária", a morte é o limite inevitável. E não serão as bem intencionadas campanhas "pela vida" que a isso obviarão. O problema é bem mais fundo e decisivo para o futuro da nossa civilização.

---

[2] Postman, Neil. *Amusing Ourselves to Death: Public Discourse in the Age of Show Business*. Nova Iorque, N.Y., U.S.A., Penguin Books, 1986, c1985.

É aqui que algumas interrogações sobre a técnica – ou melhor, sobre a relação entre a técnica e a dor – podem ocorrer.

Não será a técnica interpretável como um dispositivo de combate à dor e uma estratégia para a sua abolição, com todas as ambivalentes consequências que se podem observar? Para o bem como para o mal? Será a medicina interpretável como uma tecnologia da dor?

A guerra é, também ela, finalmente, indolor, pelo menos para aqueles que a fazem, ao menos como objectivo estratégico.

Objectivo estratégico e mediaticamente central da guerra (e também aqui se vê como a guerra é mesmo a política continuada por outros meios) é a abolição da dor, eufemisticamente apodada de "danos colaterais" que se pretendem "reduzir". A guerra tecnológica pretende ser indolor.

Hoje em dia a identidade entre técnica e guerra, ou entre exército e máquina, atingiu o seu paroxismo, revelando a essência mesma da técnica que é a de impedir a dor, combatendo-a [3]. A utopia da guerra indolor é o que hoje se impõe é o que hoje se impõe no pensamento politico-militar.

Quando Jünger escreve sobre a "necessidade sentida pelo homem de se voltar para uma dimensão que o subtraia do domínio ilimitado da dor e à sua vigência universal" [4] perguntar-se-á se não será precisamente a técnica essa dimensão. Tanto mais que, conhecendo-se o papel central que ela tem no projecto da modernidade iluminista, pode-se entender que o mesmo autor escreve, nos seguinte termos: "...a dor é um preconceito que a razão pode refutar de maneira decisiva" [5].

Tudo isto terá certamente a ver com o processo de individuação, de que falava Foucault, característico da modernidade, e que,

---

[3] "...a ordem técnica em si, esse grande espelho em que se reflecte com máxima claridade a crescente objectivação da nossa vida e que se acha impermeabilizada de maneira especial contra a perseguição da dor. *A técnica é o nosso uniforme.*" Ernst Jünger, *Uber den Schmerz,* 1934. Trad. cast. *Sobre el Dolor,* Barcelona, Tusquets, 1995.

[4] *Op. cit.,* p. 25.

[5] *Id., ibid.*

sendo paralelo ao do desenvolvimento da técnica, se caracteriza por aquilo a que Jünger chama a "sentimentalidade moderna", assim enunciada: "o corpo é idêntico ao valor" [6]. De onde se segue que a relação com a dor "seja a relação com um poder que antes de tudo há que evitar" precisamente porque a dor, ao atingir o corpo, está a golpear "o poder principal e núcleo essencial da própria vida" [7]. Terá sido isso que, da modernidade, logo compreendeu a jovem Guayaki citada por Clastres.

Um outro aspecto da dimensão indolor (ou anti-dor) da técnica exprimir-se-á, porventura, no aparecimento do *tédio* como categoria central da modernidade (sublinhada sobretudo pelas filosofias da existência): "o tédio não é senão a dissolução da dor no tempo" [8]. Lembremos aqui alguns filmes de Antonioni (nomeadamente O *Eclipse*) que são a perfeita ilustração disso mesmo.

---

[6] *Id.*, p. 35.

[7] *Id., ibid.*

[8] *Id.*, p. 30.

10. TEMPO E REPETIÇÃO

"Comedy equals tragedy plus time" [1]

FICOU CÉLEBRE A FRASE DE MARX segundo a qual a História, se se repete duas vezes, a primeira é como tragédia e a segunda como comédia.

Interroguemo-nos sobre isto e tomemo-lo como ponto de partida para uma reflexão sobre a repetição na história e no tempo.

Qual será então a significação da frase de Marx? trata-se de um afirmação ou de uma negação da *repetição* na história?

1.ª hipótese: afirmação da repetição na História. Suponhamos dois acontecimentos (1.º e 2.º) que se sucedem no tempo e que são a *repetição* um do outro. Significará isso que alguma semelhança ou identidade haverá entre eles para se poder falar de repetição. Se nada os unisse ou aproximasse, não se poderia falar de repetição. Seria cada um deles um acontecimento único e portanto irrepetível.

---

[1] Channing way, Berkeley, CA, USA.

2.ª hipótese: Marx pretende negar a possibilidade de repetição na História. A repetição não existe porque os dois acontecimentos, ao se sucederem no tempo, essa mesma temporalidade introduz uma diferença que coloca cada um dos acontecimentos em pólos opostos de uma escala que vai da seriedade da tragédia ao riso da comédia.

Inclino-me mais para aderir à segunda hipótese. Há alguma ironia na frase de Marx ao invocar a mesquinhez da comédia depois da grandiosidade da tragédia.

Referindo, aliás, esta questão no contexto mais largo do pensamento marxiano, entender-se-á que a *não-repetição* na História é a de aquilo que não se revê no mesmo porque se pretende ou imagina radicalmente *novo,* nunca antes visto ou porventura mesmo inimaginável. O futuro desejado é disso um exemplo, seja como incógnita ou como um activo projecto, é sempre o que virá a haver, advirá pela *diferença* e não pela repetição. Tudo isso se diria da também da *utopia,* nomeadamente a da sociedade sem classes e sem Estado.

A *História*, portanto, enquanto não pode deixar de privilegiar um tempo e uma temporalidade *irreversíveis*, ou mesmo uma *duração,* seria incompatível com a ideia de *repetição*.

A temporalidade impede a repetição porque, como diria Heraclito: *ninguém se banha duas vezes no mesmo rio.* E a *duração* também não é repetição na exacta medida em que, sendo continuidade, é da ordem do *fluxo.* Na duração é o *mesmo* que dura e perdura na linearidade do tempo.

Para tentar resolver esta aparente impossibilidade de repetição, terei de me socorrer aqui da ajuda de autor que já atras foi invocado: Claude Lévi-Strauss.

Tentando situar o trabalho do antropólogo relativamente ao do historiador afirma ele que, apesar de ambos se ocuparem das sociedades *outras,* no caso do historiador essa alteridade situa-se no eixo da temporalidade, enquanto que para o etnólogo ela se situa no eixo espacial.

Por outro lado, diz ele ainda, enquanto o historiador se ocupa das expressões *conscientes* de uma cultura (das suas durações) o etnólogo investiga as condições *inconscientes* isto é, as que abrem o espaço da *repetição,* como adiante se verá.

Esta posição metodológica é, sem dúvida, determinada pela especificidade do objecto de estudo próprio ao etnólogo, ou seja, as sociedades ditas "primitivas" ou "sem história" onde a repetição é mais evidente que o progresso.

A ideia central pode ser formulada da seguinte maneira: se todas as sociedades (mesmo as arcaicas) têm um passado, nem todas têm uma História. Por outras palavras, a História é uma categoria através da qual certas sociedades se pensam a si próprias. Esta categoria não existe em todas as sociedades e está associada a outros fenómenos de ordem social e cultural: a diferenciação social e a escrita.

Num célebre capítulo de *Tristes Tropiques* intitulado "Uma lição de escrita", Lévi-Strauss já havia mostrado como a escrita está intimamente ligada ao advento de fenómenos de poder e de diferenciação no interior de um grupo social.

A experiência confirma, segundo Levi-Strauss, que a escrita surge sempre ligada a sociedades politicamente centralizadas e socialmente estratificadas em classes ou castas. Ela é mesmo essencial a esta diferenciação, como atesta o facto de a escrita ter sido primeiramente usada como instrumento de controle pelo poder: "quando vemos quais foram as primeiras utilizações da escrita, parece-me que eram usos do poder: inventários, catalogações, recenseamentos, leis e mandamentos; em todos os casos, quer se trate do controle de bens materiais, quer de seres humanos, são manifestações de poder de certos homens sobre outros homens e sobre riquezas" [2].

Mas a escrita tem também uma outra função: ela permite fixar a acumulação de saber. Ora esta "totalização do saber" operado pela escrita é uma peça essencial ao mecanismo do progresso.

---

[2] C. Lévi-Strauss, *Tristes Tropiques,* Paris, Plon, 1955, pp. 32-33.

A escrita tem, por conseguinte, duas funções sociais: por um lado permite construir uma espécie de memória colectiva das experiências passadas, o que permitirá transitar de um processo social repetitivo para um processo social progressivo.

Por outro lado, como instrumento de controle social e político, é contemporânea do surgimento das sociedades que já não são homogéneas mas diferenciadas no seu interior.

A partir desse momento passam, então, a existir dois tipos de sociedade: as que persistem na sua homogeneidade e as que progridem através da tensão entre pólos heterogéneos que se formam no seu interior. Apenas essas possuem aquilo que poderemos chamar uma "consciência histórica". Por outras palavras, a ideia de História é co-extensiva a sociedades de diferenciação interna.

É deste modo que Lévi-Strauss fala de sociedades "frias" e de sociedades "quentes".

As primeiras funcionam como um relógio, máquina mecânica cujo movimento é repetitivo e pode, em teoria, continuar indefinidamente.

Por seu lado, as sociedades históricas funcionam como máquinas termodinâmicas (segundo o exemplo da máquina a vapor): "...do ponto de vista da sua estrutura, assemelham-se a máquinas a vapor, que utilizam no seu funcionamento uma diferença de potencial, a qual se encontra representada por diferentes formas de hierarquia social, quer se chame escravatura, servidão ou que se trate de uma divisão de classes..." [3].

Portanto, as sociedades primitivas têm uma "temperatura histórica" mais homogénea, enquanto as sociedades "históricas" possuem no seu seio grandes diferenças de "temperatura", o que faz com que "funcionem" e, logo, progridam historicamente.

Por outro lado, também se diferenciam pelo seu distinto modo de funcionamento, consoante as vemos na sua dimensão social ou cultural.

---

[3] *Entretiens avec Lévi-Strauss*, Paris, Union Generale d'Editions, 1969, p. 38.

Socialmente, as sociedades arcaicas produzem uma ordem cultural restrita, mas são muito produtivas ao nível da ordem social que é bastante homogénea.

Pelo contrário, nas nossas sociedades, a cultura é extremamente produtora de ordem, sendo a desordem social mais elevada, devendo-se isso, precisamente, aos desvios diferenciais que a fazem progredir.

Lévi-Strauss não está, por conseguinte, longe de subscrever o postulado marxista segundo o qual "a luta de classes é o motor da História".

A confirmação desta teoria está no facto de que cada vez que um sistema histórico se aproxima de um menor grau de diferenciação social, arrefecendo deste modo a "temperatura" histórica, relança o seu movimento, criando novamente diferenças sociais. Assim sucedeu com a servidão, o proletariado e colonialismo.

Por seu lado, as sociedades ditas "primitivas", no seu movimento repetitivo, recusam qualquer tipo de progressão, de acumulação de novidades e, logo, de qualquer memória escrita. Isto acontece porque também recusam qualquer diferenciação social no seu seio. Tudo o que desejam é "persistir no seu ser", obedecendo assim o mais possível à lei da inércia.

É assim que, para as sociedades arcaicas, a historia não existe como categoria mental: "para eles, a história está esvaziada de sentido, na medida em que se algo nem sempre existiu, esse algo, na perspectiva deles é ilegítimo, enquanto para nós se passa ao contrário [4].

O antropólogo francês Pierre Clastres atentou muito particularmente nesta questão, nomeadamente em *A Sociedade contra o Estado* [5]. Soçobrando ele próprio numa espécie de utopia negativa em que esse inimaginável futuro da sociedade sem classes e sem Estado, foi o que existiu nas sociedades selvagens e com elas deixou de existir, não tanto como privação (*sem* Estado, *sem*

---

[4] *Entretiens...*, p. 62.
[5] Porto. Afrontamento, 1979.

História, *sem* escrita) em pura passividade, mas activamente *contra* o Estado, a diferenciação classista, a economia política.

Em suma, uma utopia que não se repete nem se repetirá, talvez precisamente porque se fundava no império da repetição.

Temos assim duas disciplinas distintas, com objectos distintos: a duração e o tempo irreversível na história e a repetição do tempo reversível na antropologia.

Atentemos então nesse espaço e *repetição* que a antropologia nos abre. Não sem esquecer que, como atrás se disse, que esta (a antropologia) nos reenvia para a dimensão do inconsciente. É que isso nos permitirá interrogar a *repetição* não apenas ao nível da generalidade societária, que é a da antropologia, mas também ao nível da singularidade biográfica de que Freud e a psicanálise nos falam.

BIBLIOGRAFIA

ASSOUN, P. L. – *Introduction à l'Épistémologie Freudienne*, Paris, PUF.

AUGÉ, Marc – *Os Domínios do Parentesco*, Lisboa, Edições 70, 1978.

BETTELHEIM, Bruno – *Psychanalyse des Contes de Fées*, Paris, Robert Laffont, 1976.

CLASTRES, P. – *A Sociedade contra o Estado,* Porto, Afrontamento, 1979.

―― *Chronique des Indiens Guayaki,* Paris, Plon, 1972.

COQUEIRO, Sónia – «O espelho mágico» in *Revista da Cultura Vozes,* n.º 2 (1973).

COURTÉS, J. – *Introdução à Semiótica Narrativa e Discursiva*, Coimbra, Livraria Almedina, 1979 (col. Novalmedina, 33).

COURTÉS, J. – *Lévi-Strauss et les Contraintes de la Pensée Mythique*, Tours, Maison Mame, 1973.

DE WAELHENS, A.; FLORIVAL, Gh.; LADRIERE, J. e.a. – *Etudes d'Anthropologie Philosophique*, Paris, Vrin, 1980.

DELEUZE, G. – "A quoi reconnaît-on le structuralisme"? in F. Châtelet (dir.), *Histoire de la Philosophie, 8. Le XXème siècle.*

DURKHEIM, E. – *Règles de la Méthode Sociologique*, Paris, PUF, 1973.

FOUCAULT, M. – *A Vontade de Saber*, Lisboa, António Ramos, 1977.

―― *Surveiller et Punir*, Paris, Gallimard, 1975.

FREUD, S. – *Edição Standard Brasileira das Obras Psicológicas Completas de Sigmund Freud*, Rio de Janeiro, Imago, 1977.

HYPPOLITE, J. – *Genèse et Structure de la Phénoménologie de l'Esprit de Hegel,* Paris, Montaigne, 1974.

JAKOBSON, R. – *Six Leçons sur le Son et le Sens,* Paris, Ed. De Minuit, 1976.

JÜNGER, Ernst – *Uber den Schmerz,* 1934. Trad. cast. *Sobre el Dolor,* Barcelona, Tusquets, 1995.

KIRK, G. S. e RAVEN, J. E. – *The Presocratic Philosophers,* Cambridge, University Press, 1964.

KOJÈVE, A. – *Introduction à la Lecture de Hegel,* Paris, Galllimard, 1947.

LACAN, J. – «L'Intervention dans la discussion sur l'exposé de C. Lévi-Strauss sur les rapports entre la mythologie et le rituel», in *Travaux et Interventions,* Arep ed., 1977.

—— *Écrits,* Paris, Seuil, 1966.

—— *O Mito Individual do Neurótico,* Lisboa, Assírio & Alvim, 1980.

LAPLANCHE e PONTALIS – *Vocabulaire de Psychanalyse,* Paris, PUF, 1971.

LAPLANCHE, J. e LECLAIRE, S. – "L'Inconscient, une étude psychanalytique" in *L'Inconscient* (VIe Colloque de Bonneval), pp. 95-130.

LASH, C. – *The Culture of Narcissism,* Nova Iorque, Warner Books, 1979.

LE BRETON, David – *Du Silence,* Paris, Métaillé, 1997.

LEITE DE VASCONCELOS, J. – *Contos Populares e Lendas,* Coimbra, Imprensa da Universidade, 1969.

LÉVI-STRAUSS, C. – *Entretiens avec Lévi-Strauss.* Paris, Union générale d'Éditions, 1969.

—— "A família" in *A Família como Instituição,* Porto, Rés ed., 1977.

—— *Anthropologie Structurale Deux,* Paris, Plon, 1973.

—— *Anthropologie Structurale,* Paris, Plon, 1958.

—— *La Pensée Sauvage,* Paris, Plon, 1962.

—— *Les Structures Élémentaires de la Parenté,* Paris, Mouton, 1967.

—— *Mythologiques, I: Le Cru et te Cuit,* Paris, Plon, 1964.

—— *Tristes Tropiques,* Paris, Plon, 1955.

MAUSS, M. – «Essai sur le don», in *Sociologie et Anthropologie,* Paris, PUF, 1950.

MERQUIOR, J. G. – *A Estética de Lévi-Strauss,* Rio de Janeiro, Tempo Brasileiro, 1975.

NIETZCSHE, F. – *Da Retórica,* Lisboa, Vega, 1997.

PIRARD, R. – "Si l'inconscient est structuré comme une langue..." *in* A. De Waelhens et alia *Études d'Anthropologie Philosophique.*

POSTMAN, Neil – *Amusing Ourselves to Death: Public Discourse in the Age of Show Business*, Nova Iorque, N.Y., U.S.A., Penguin Books, 1986, c1985.

SARTRE, J.-P. – *Critique de la Raison Dialectique,* Paris, Gallimard, 1961.

SAUSSURE, F. – *Cours de Linguistique Générale*, Paris, Payot, 1969.

STEINER, G. – *Language and Silence,* Londres, Faber & Faber, 1985.

VAN GENNEP, A. – *Os Ritos de Passagem*, Petrópolis, Vozes.

WATZLAWICK, P. *et al* – *Pragmatics of Human Communication*, Nova Iorque, Norton, 1967.

WITTGENSTEIN, L. – *Tratado Lógico-Filosófico*, Lisboa, Fundação Calouste Gulbenkian, 1987.

ORIGEM DOS TEXTOS

ALGUNS DOS TEXTOS aqui publicados, por vezes com assinaláveis alterações, já anteriormente tinham aparecido nas seguintes circunstâncias:

Cap. 1 – *Revista Crítica de Ciências Sociais*, n.º 4/5. Coimbra, 1980.

Cap. 2 – *Fenda*, n.º 15. Coimbra, 1982.

Cap. 3 – J. Lacan, *O Mito Individual do Neurótico*. Lisboa, Assírio & Alvim, 1980.

Cap. 5 – *Trabalhos de Antropologia e Etnologia*. Vol. 36 (3-4). Porto, 1999.

Aos responsáveis pelas publicações aqui deixo o meu agradecimento.

Títulos editados nesta colecção:

1. *Quem não Arisca não Petisca*, Maria João Sousa e Brito
2. *Freud & Companhia*, José Martinho
3. *Orofobias... Marias... e Outros Mistérios*, Jaime Milheiro
4. *Sexualidade e Psicossomática*, Jaime Milheiro
5. *Pessoa e a Psicanálise*, José Martinho